ツキノワグマの

猟師飯から本格フレンチまで
ジビエ探食記

掌《て》を食べたい!

北尾トロ

山と溪谷社

はじめに

ジビエの食べまくりに手を挙げさせてもらうことにした。

狩猟免許を取得して10年以上なら食べ慣れていると思われそうだが、ハンターの多くはシカ、イノシシ、クマ、カモ、キジ、ヤマドリくらいしか口にしたことがないのだ。

ジビエとは狩猟鳥獣またはその肉のこと。全46種(獣類20種、鳥類26種)の一部しか食べていないのだ。せっかくチャンスがあるのだから、全部とはいわないまでも、可能なものは食べてみたいと考えた。

もちろん、おいしいものばかりとは限らないだろう。タヌキやキツネ、カラスなど、ハンターが食べようとしない動物もいる。

しかし、百聞は一見に如かず。食べてみないと本当のところはわからない。

狩猟を始める前、僕はイノシシの肉には独特のクセがあって、ぼたん鍋に味噌を入れるのは臭み消しのためだろうと思っていた。クマへの先入観もひどい。マタギがパワーをため込むための食材で、うっかりすると鼻血が出ると考えていたのだ。

実際には、新鮮なイノシシ肉にはまったく臭みがなく、クマ肉は鼻血ではなく元気が出るジビエだった。

カモにも驚かされた。鍋物や蕎麦で食べた気になっていたのだけれど、その正体はカモとアヒルを掛けた合鴨で、野生のカモは全然違う滋味あふれるおいしさだったのだ。

そんなわけで、各地の腕利きハンターたちの協力を得て、ジビエチャレンジを始めることにした。食べることができたのは30種（特別に駆除活動で得た非狩猟鳥獣2種を含む）。

いつかはきっと、と憧れていたクマの掌《て》料理、エゾライチョウやヤマシギ、コジュケイなどの鳥類、ノウサギやアナグマなどの獣類、イメージの悪さからか嫌われがちなカラスやハクビシン、さらには食べた経験のあるハンターに会ったことがないのに「まずい」と太鼓判を押されてしまっているカワウやアオサギ（非狩猟鳥）、キツネやヌートリアまで食べ歩いた。シカやイノシシのホルモン、キョン（非狩猟獣）、エゾライチョウは自分で調理もしてみた。

ジビエには個体差があるので、味については個人の感想になってしまうが、ひと言でまとめるとすれば〝豊かで深い〟になるだろうか。こんなにもバラエティに富み、エネルギーを感じることのできる食材はほかに思い浮かばない。

ジビエ人気の高まりを受けて、一部のものは通販などで入手できるようになっている。興味があったら、読むだけで終わらせず、ダイナミックなジビエの世界を体感してほしいと思う。

CONTENTS

＊野生鳥獣は人畜共通で感染する各種ウイルスや寄生虫、細菌などを保有していることがあります。解体時や生肉の取り扱いには十分に注意し、加熱不十分で食べると食中毒を引き起こすおそれがあります。ご自身で調理して食べる場合は、必ず中心部まで確実な加熱をお願いします。
＊個体の性別・年齢、育った環境、捕獲時期、獲り方や処理の方法などの複合要素によって野生鳥獣の肉の味には個体差があります。

初めて獲ったバンの味

僕のジビエ好きはヤマドリとキジバトから始まった

狩猟免許を取得したのは2013年のことだった。前年に東京から信州の松本市へ移住し、ここに来なければできなかったことをやってみようと考えて、猟師はどうだろうと思ったのだ。物書きとしての興味もあったが、それ以上に狩猟への好奇心が強かった。

家族が火薬を怖がることもあって、所持したのはエアライフル。銃砲店に唯一あった中古のFX2000を15万円で購入し、「いよいよ猟師デビューだ」と意気込んだところで、銃の撃ち方も知らなければ（エアライフル所持には実射教習がない）、どこにカモやキジがいて、どのように狙えばいいのか何ひとつわからないことに気がついた。地元の猟友会に問い合わせても、エアライフルで猟をしている人はいないらしく、冷たい対応だ。

50代半ばの新人で猟師の知り合いもいない僕は大いに困り、長野市で『八珍』というラーメン屋を営む宮澤幸男さんが鳥撃ちを好んでしていると聞きつけて、ワラをもすがる気持ちで訪ねて行った。

幸運にも快諾を得ることができ、宮澤さんにくっついて狩猟の基礎を学んでいくことになるのだが、いまでもはっきり覚えているのが、訪ねたその日に「話はわかりました。まずはこれを食べてみて」と出されたヤマドリとキジバトの味。どちらも脂が乗り、塩コショウだけの味付けとは思えないほどおいしい。

普段食べている鶏肉とは明らかに違う野性味と弾力性は、これぞジビエという感じがした。自分で仕留めた獲物を解体し、調理して食べる。猟師の醍醐味ここにあり、と思った。

ジビエと書いて思い出したが、当時はこの言葉がまだ一般的ではなく、いちいち野生鳥獣の肉のことだと説明しなければ通じなかった。それがいまではマスコミなどの影響もあって定着し、狩猟に興味のない人でも気軽に口にするようになっているのだから感慨深い。

さて、張り切って出猟を重ねる僕だったが、結果はなかなか出なかった。カモを中心に狙ったものの、初年度は1羽も仕留めることができずに終了。射撃がヘタなのは当然として、撃つ前に感づかれて動かれ、撃つことさえできないことの連続だった気がする。

獲れないからといってジビエにありつけないわけではない。宮澤師匠からはヤマドリやキジ、カモをいただき、大物猟の先輩猟師にはイノシシやシカ肉を頂戴して、舌だけは肥えていったのだ。

ベテラン猟師たちは、食べる分以上に獲れてしまうため、気前よく肉を分けてくれがち。おかげで我が家の食卓は、キジ鍋やカモのソテー、シカのステーキ、イノシシ汁、さらには売買が禁止され市場に出回ることのないヤマドリをたっぷり使った焼き鳥や鍋が、当たり前の顔で並ぶ豪華なものになった。一度も仕留めた経験がないのにやたらとジビエを食べている人としてシーズンを過ごしたのである。

そして、いつも考えていた。いただいた肉がこれほどおいしく、ごちそうだと感じられるのなら、自分で獲った肉はもっとおいしいはずだ。だから、成果が出なかったことは残念だったけれど、当たらないから狩猟をやめようとは思わなかった。

迎えた2シーズン目、まさかのバンに的中！

迎えた2シーズン目、へたくそな僕にもチャンスがやってきた。

池の水が凍っていないシーズン当初、宮澤さんはため池を回ってカモを撃つ。川と違って流れがないため回収しやすいことに加え、カモの飛ぶ方向が予測しやすく的中率が高いからだ。

僕のようにエアライフル一本で猟をする身にとっても、50m以内の適距離から撃つには、隠れて接近しやすいため池がいい。僕が外したとしても、飛び立ったところを宮澤さんが散弾銃で撃ってくれるので、結果をあまり気にせずトライできる。

バンは2022年から非狩猟鳥に指定され、現在は〝幻のジビエ〟

そんなある日……。

「ここはカモいないね。あれ、何かいる」

ため池をそっとのぞき込んだ宮澤さんがスッと首をひっこめた。鳥がいるらしい。

「バンだと思う。狩猟鳥だから、北尾さん撃ってみて」

見ると、ポツンと1羽だけ水に浮かんでのんびりしている。宮澤さんは撃ったことがないそうだが、カモほど警戒心は強くなく、我々に気づいている気配もない。

匍匐《ほふく》前進して近寄り、薬室に弾を送り込む。

「落ち着いて。ガク引き（引き金を手前に強く引く）しちゃダメだよ」

背後から宮澤さんのアドバイスを受け、ゆっくり狙いを定めて撃った。

あれ、バンのやつ、逃げも飛びもしない。水しぶきも上がらなかったところを見ると、大きく外れすぎて気づかなかったのか。スコープの中心に入っていたのに、そんなにズレてしまうものか？

もう一発撃ってみたが、バンはピクリとも動かない。

「おかしいよ。もしかして、一発目が当たってるんじゃないか」

その通りだった。半信半疑で寄っていくと、首に命中したらしきバンは息絶えたまま水に浮かんでいたのだ。

ついにやった。小躍りしながらたも網で回収し、持ち帰った僕を宮澤さんが笑顔で迎える。

「弾が貫通しているね。即死だったんでしょう。おめでとう。カモじゃないけど、それもまた北尾さんらしくていいんじゃないかな」

初の獲物がバン。うん、悪くない。ところで宮澤さん、バンはおいしいんですか。

「僕も食べたことがないんだよ。あまり見かける鳥じゃないし、カモ狙いだから撃たない。でも、まずいという話も聞かないので、北尾さんが食べて感想を聞かせてください」

持ち帰って調べてみると、バンはツル目の鳥で、日本では昔からよく食べられてきたことがわかった。池波正太郎の時代小説にも、バンを焼いて食べる場面があるくらい、なじみのある鳥なのだ。

歯ごたえのある赤身に野生のパワーを感じた

バンは小柄な鳥だから肉の量もおそらく少なめ。大柄なヤマドリやカモの解体にも苦労し、脂の乗っている皮の部分を台無しにしがちな僕には、うまくさばける自信がない。

そこで、友人の猟師のところに家族で遊びに行き、手ほどきを受けながらバンをさばいて食べることを計画。バンだけでは肉が足りないが、うまい具合に宮澤さんにいただいたヤマドリがある。

関東出身の移住者である友人の家は、犬もいればウサギや羊もいる山中の古民家で、朝晩はびっくりするほど冷え込むらしいが、近所の目を気にする必要がないのがいい。羽むしりに子どもも参加し、宴会の準備が始まった。さすがは猟師、友人はヤマドリよりバンに興味があるようだ。

「バンは初めてだけど、いい赤身じゃないですか。これは期待ができそうですよ」

見ると、濃い色の赤身でへんなにおいもしない。身は小さく、ヤマドリの半分程度か。

「どうせ食べるなら全部味わいましょう」

ていねいに、心臓やレバーを取る。友人はいつもこのように食べられるところはすべて食べるのをモットーにしている猟師の鑑《かがみ》なのだ。残った骨や内臓の一部は犬が喜んで食べるので、ほとんど捨てるところがないという。

駆除活動をしているので年間を通してわなでシカやイノシシを獲って主食にしている。食べきれない分は近郊の農家に持って行って野菜と交換してもらっている。いつも新鮮なジビエを食べていると、たまにスーパーで売っている家畜の肉を口にしても、おいしく感じられなくなるそうだ。
「ジビエを臭みがあるという人がいるけど逆なんだよね。スーパーの肉のにおいが気になっちゃう」
バンの心臓は本当に小さく、水に浮かんでいる姿を思い出すと申し訳ないような気持ちになった。僕たち猟師は、だからこそ無駄にすることなくもらった命をいただかなければならないのだ。胸とモモは串に刺し、心臓とレバーはそのまま、炭火で焼くことにした。ヤマドリは少し焼き、あとは鍋にする。家族の関心はヤマドリに集中している。友人と僕はバンがどういうものかを確かめたい。
「焼けてきた。粗塩だけ振って味見しましょう」
こうして食べたバンの感想がおもしろかった。
「コリコリしてるね。あと、味が濃い」（と言いつつ、それ以上は食べようとせず酒を求める妻）
「わたしはあんまり……。早くヤマドリ食べようよ」（わかりやすい反応を見せる子ども）
「これは旨い。ヤマドリ超えしているのでは」（真顔で絶賛する友人）
僕も食べてみた。なるほど濃くてしっかりした味だ。マガモのように鉄分を感じないまっすぐな赤身。歯ごたえもあって身が締まっている。パッと見たところ、バンはおいしそうに見えないので、うれしい誤算といってもいい。
妻と子どもがヤマドリを食べ始めた隙を狙い、貴重な心臓とレバーを友人と分け合った。心臓はコリコリと食感が良く、レバーは臭みゼロで食べやすい。初めて獲った記念の鳥というところはあったとしても、友人はそんなことに気を使う男ではないので、「バンは旨い」は妥当な評価だと思う。

僕がいまも忘れられないのは食感だ。歯ごたえはあるが硬くはなく、噛むたびにかすかに肉汁が染み出してきて、口内に旨味が広がるのである。じゃあ、ヤマドリとどっちが旨いかとは訊かないでほしい。系統の異なる旨さなのである。

それ以降、バンを仕留めることはおろか、出会うことさえないまま月日が流れた。そして2022年には、バンは狩猟鳥のラインナップから外され、撃ってはならない鳥になった。たった一度のチャンスを、素人同然だった自分がモノにして食べ尽くしたのは、いまになってみれば幸運なことだったのだ。

シーズンを重ねるにつれて少しは射撃の腕が上がり、自分の手でカモが獲れるようになってきた。さまざまな肉をいただくのも相変わらずで、いまやすっかりジビエのファン。機会があれば逃さず、未知の食材に手を伸ばすようになっているが、どうしてそうなったか自問自答してみると、始まりはあの日のバンじゃないかと思う。

ベテラン猟師でさえ食べたことのない鳥が、食べない理由がわからないほどおいしかった事実が、未知なるジビエの可能性を僕に教えてくれたのである。まずは食べてみろ！　評価するのはそれからだ、と。

狩猟鳥獣はどうやって選定されている？

いつまでも撃てると思うな　バンとゴイサギ

２０２２年の夏、鳥撃ちハンターにはおなじみの存在だったバンとゴイサギが、次のシーズンから狩猟禁止になるというニュースが狩猟界をざわつかせた。鳥猟好きでも「私はゴイサギに目がなくて」「鳥撃ちの醍醐味はバンですよ」という人はめったにいないだろうが、獲ってはいけないと言われると、なんだか寂しいものである。初めて獲ったのがバンだった僕も気分は複雑。ジビエ好きとしては、ゴイサギも一度は食べてみたかったが……。

もっとも、対象枠から外される鳥類は２０１２年のウズラ以来（環境省レッドリストで絶滅危惧Ⅱ類と判定された）とあって、狩猟歴の浅いハンターには「そんなこともあるのか」と驚いた人もいるだろう。

個体数の減少などの状況に応じて狩猟鳥獣が変化するのは当然のことだという認識は、意外に共有されていないのかもしれない。しかし、相手は生き物。いつも人間の都合に合わせて程良い個体数をキープしてはくれないのだ。

そもそも狩猟鳥獣とは何か。鳥獣保護管理法第2条7項にはこう記されている。

〈希少鳥獣以外の鳥獣であって、その肉又は毛皮を利用する目的、管理をする目的その他の目的で捕獲等の対象となる鳥獣（鳥類のひなを除く）であって、その捕獲等がその生息の状況に著しく影響を及ぼすおそれのないものとして環境省令で定めるものをいう〉

重々しい文面だが、絶滅危惧種などではなく、狩猟で獲っても生態系に大きく影響する心配もない、ジビエや毛皮の利用などの目的で捕獲が許される鳥獣という理解でいいだろう。

決定までの経緯について環境省・鳥獣保護管理室の村上靖典室長補佐（当時）に教えてもらった。

「狩猟鳥獣指定は5年ごとに見直しが行われます。まず、対象となる鳥獣のデータを持っている各都道府県や関係団体の意見を聞き、中央環境審議会の野生生物小委員会が取りまとめた方向を基に見直し検討会を行うことになります」

その後、パブリックコメントを募り、公聴会を開催し、再び中央環境審議会の野生生物小委員会を開き、意見を戦わせて結論を出す→省令施行の流れになるのだそうだ。

バンもゴイサギも個体数が長期減少傾向にあり、狩猟による捕獲状況も減り続けていることが1990年代からの地域別調査で明らかになっている。完璧なデータをそろえるのは困難だとしても、現場の肌感覚に頼るのではなく、科学的な知見に基づいて決定されているというわけだ。

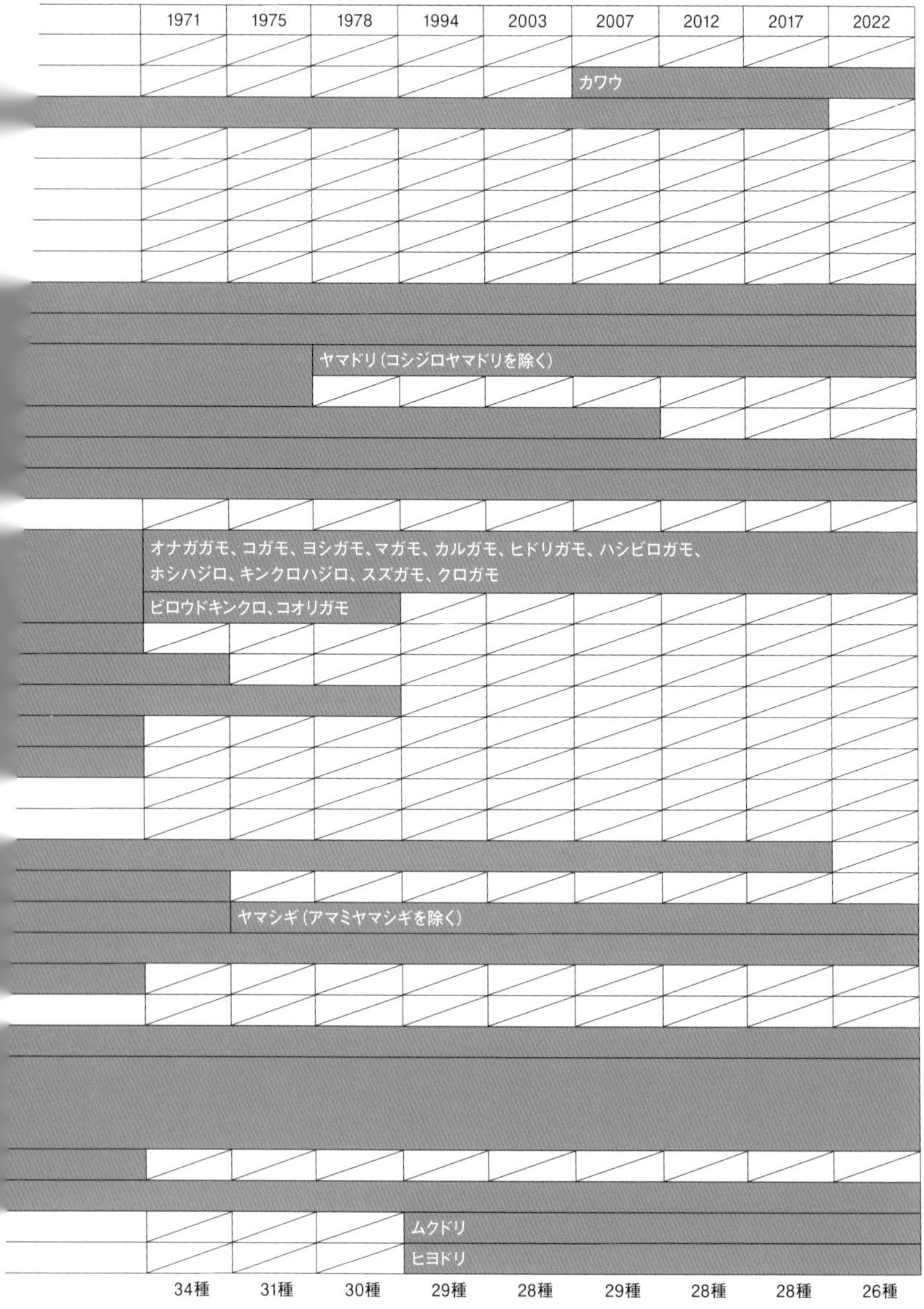

＊環境省資料を参考に作成。スペースの都合上、記載していない種もあります

狩猟鳥の変遷

	1918	1925	1926	1928	1947	1949	1950	1963	
	アホウドリ								
	ウ（類）								
	ゴイサギ								
	アオサギ								
	ワシ（類）								
	クマタカ								
	ハヤブサ								
	ミサゴ								
	キジ								
							コウライキジ		
	ヤマドリ								
	ウズラ								
	エゾライチョウ								
			コジュケイ						
			テッケイ						
	カモ類	カモ類（オシドリを除く）							
	アイサ（類）						ミコアイサ		
							カワアイサ		
							ウミアイサ		
	ガン類				ヒシクイ				
					マガン				
	クイナ								
					ヒクイナ				
	バン								
					オオバン				
	シギ類				ヤマシギ				
					タシギ				
					ジシギ				
					タマシギ				
	ハト（類）				キジバト				
	カラス（類）（ホシガラスを除く）						ハシブトガラス、ハシボソガラス、ミヤマガラス		
							ワタリガラス		
	スズメ、ニュウナイスズメ								
	ヒヨドリ								
合計	116種	114種	116種	116種	52種	46種	47種	47種	

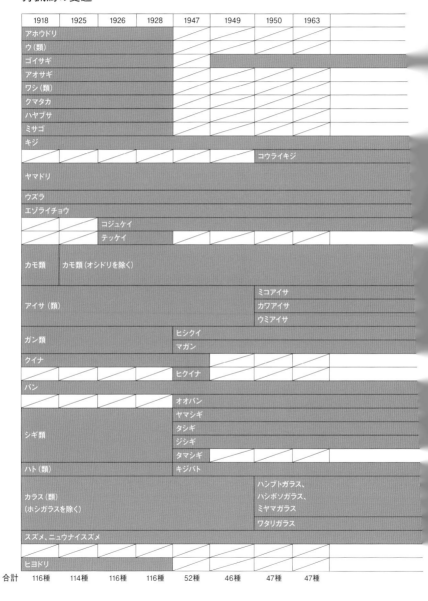

では、わが国では過去にどんな鳥獣が狩猟禁止、あるいは狩猟可能になってきたのか。1918（大正7）年以降のデータを見せてもらえたので、その変遷を見ていこう。

ひと目見てわかるのは、大正〜昭和初期の狩猟鳥獣の種類の多さ。鳥も獣も100種以上が狩猟可能だった事実だ。獣類はアマミノクロウサギやカモシカなど一部を除いてOK。「種の保存のため、これだけは獲らないでくださいよ」という姿勢なのである。本格的に「獲ってよいもの」が定められるのは戦後になってからで、獣類は1949（昭和24）年から急に17種に減らされ、制限がきつくなっている。現在は狩猟禁止となっているムササビやニホンリスも1994（平成6）年までは許されていた。同様に、鳥類ではジシギやヒシクイ、アイサ、オオバン、ワタリガラスを獲っていい時代があった。

逆に、昔は狩猟禁止だったものもある。

獣類では1994年からハクビシン、アライグマ、ミンクの3種が追加されている。村上さんによれば、これらは外来種としてわが国で分布を拡大し、数が増えたことでわが国に定着したと見なされ、被害も大きくなったことから狩猟対象の仲間入りをしたとのこと。ベテラン猟師がハクビシンやアライグマにあまり興味を示さないのは、肉質のせいというより、若い頃に追いかけた経験がないからだと思う。

一方の鳥類では、やはり1994年からヒヨドリ、ムクドリが加わり、2007年からはカワ

オオバン（非狩猟）はのんびりした性質で、多少の音では動揺しない

ウも狩猟鳥になった。ヒヨドリ、ムクドリは数が豊富でジビエとしてもおいしいが、カワウは食べるためというより駆除目的の要素が大きいと思う。最近見かけることが増えたオオバンあたりも、いずれ狩猟鳥に選定されるかもしれない。

いったん禁止になると簡単に復活することはない（過去にヒヨドリ、カワウなど数例のみ）。残念ながら2022シーズンからはバンやゴイサギを撃つのは違法行為となるので、ハンターの皆さん、いまのうちに脳内狩猟鳥リストからこの2種を削除するようお願いします！

	1963	1971	1975	1978	1994	2003	2007	2012	2017	2021
		テン（ツシマテンを除く）								
						ツキノワグマ				
						イノシシ				
						イタチ（オスに限る）				
						チョウセンイタチ（オスに限る）			チョウセンイタチ	シベリアイタチ（対馬以外の個体群）
						ユキウサギ				
	ヌートリア									
					シカ	ニホンジカ				
					ハクビシン					
					アライグマ					
					ミンク					
	18種	17種	17種	17種	18種	20種	20種	20種	20種	20種
	65種	51種	48種	47種	47種	48種	49種	48種	48種	48種

＊環境省資料を参考に作成。スペースの都合上、記載していない種もあります

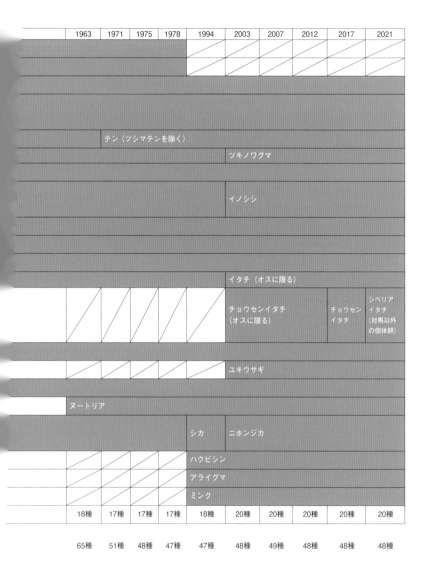

狩猟獣の変遷

	1918	1925	1926	1928	1947	1948	1949	1950
	アマミノクロウサギを除く獣類各種	アマミノクロウサギ、カモシカ、メスジカを除く獣類各種	アマミノクロウサギ、カモシカを除く獣類各種	アマミノクロウサギ、カモシカ、メスイタチ、カワウソを除く獣類各種	カモシカ、カワウソ、ヤマネコ、サル、メスジカ、メスイタチを除く獣類各種	カモシカ、カワウソ、ヤマネコ、サル、メスジカ、メスイタチを除く獣類各種	ムササビ	ムササビ
							リス類	リス
							リス類	シマリス
							リス類	タイワンリス
							テン	テン
							クマ	クマ
							ヒグマ	ヒグマ
							イノシシ（イノブタ含む）	イノシシ（イノブタ含む）
							キツネ	キツネ
							タヌキ	タヌキ
							アナグマ	アナグマ
							イタチ（オス）	イタチ（オス）
							ノウサギ	ノウサギ
							ノネコ、ノイヌ	ノネコ、ノイヌ
							シカ（オス）	シカ（オス）
獣合計	カウント不可						17種	17種
鳥獣合計	116種	114種	116種	116種	52種	46種	63種	64種

狩猟のスタイルと獲って食べるまでの話

わな猟人気の陰には深刻な農作物被害がある

すでに取得している人には言わずもがなの話だが、狩猟免許には猟具の種類によって「わな猟」「銃猟」（ライフル銃や散弾銃など火薬を使う銃を使う第一種、空気銃を使う第二種がある）「網猟」の3種類がある。このうち、主流となっているのは、わなと銃による狩猟だ。数を伸ばしているのはわな猟師。非狩猟者には、猟といえば〝鉄砲撃ち〟を思い浮かべる人が多そうだけれど、実際には違うのである。

理由はいくつか考えられる。

- 狩猟をしたいが、銃の所持・使用には抵抗がある人。
- 獲物を追って山野を駆け回るための体力に自信のない人。
- 農作物を守るため、被害を与える野生動物を駆除したい人。

これらがおもなものだろう。

とくに女性には、わな猟がしたくて狩猟免許を取る人が多い。また、被害に遭っている農家が駆除活動をするためわな猟の免許を取るケースもある。銃猟とわな猟の免許を持ち、同時に行っているハンターも珍しくない。

では、銃とわなでは、どちらが狩猟の方法としてメリットが大きいのか。本書のテーマである「ジビエ」の観点から見れば、個人的にはわな猟に分があると思う。

もちろん、銃猟には広大なフィールドで獲物を追い、駆け引きする魅力がある。たったひとりで獲物と対峙する単独猟も、勢子とタツマに分かれて大人数で獲物を仕留めようとする巻き狩りも、それぞれの楽しみに満ちている。僕はエアライフルのみを使って鳥を撃っているが、取材では大物猟の現場に立ち会う機会が多いので、あの独特の緊張感と、仕留めたときの喜びはわかるつもりだ。

高い技術を持つハンターが急所を狙って仕留めると、獲物は苦しまずに命を終えるので、もがいて血が全身を駆け巡ることがない。銃を使わず電気槍で止め刺しされたわな猟の獲物と比べても、捕らえられてストレスを抱えることがないため肉質も良い（マイナス要素が少ない）と考えられる。そうでなくても、適切な処置と素早い解体をした肉なら、個体差はあるとしても、自家消費には十分耐え得る肉が得られるだろう。

ただ、すべての銃猟ハンターが高いレベルの射撃技術を持つわけではない。解体についても同様で、どうしてもレベルの差が出てしまう。自家消費するだけならそれもやむなしで済むわけだが、ジビエとして商品化されるとなれば話は別。市場に出る肉の質が、ハンターや解体者のレベルで大きく変わり、まずい肉まで流通してしまうようでは困ってしまう。

その点、わな猟は分業がしやすい。駆除する目的でわなをかける人が望むのは数を減らすことだけで、食べることには無関心な人もいる。狩猟に楽しみを求める気持ちはなく、罠にかかったらハンターに連絡して止め刺しをしてもらったりする。野生動物による農作物被害を地域の課題として捉え、行政が本腰を入れて取り組んでいるところでは、連絡網をつくったりして捕獲から止め刺しまでをスムーズに行う仕組みがつくられている。銃猟でもそうだが、駆除には時間と労力がかかるので駆除活動に対して行政が報奨金を出す仕組みはその一例。シカなど繁殖力が高い動物は、がんばって獲ってもなかなか減らないのだが、逆に言えば、駆除に力を入れているから、爆発的な増加を防ぐことができているともいえるだろう。

生産者は、駆除した獲物を消費者の元へ届けたい

駆除活動を徹底すればするほど問題となることがある。駆除した獲物の肉をどうするかだ。

近年は、女性や農業従事者にわな猟免許を取得する人が増えている

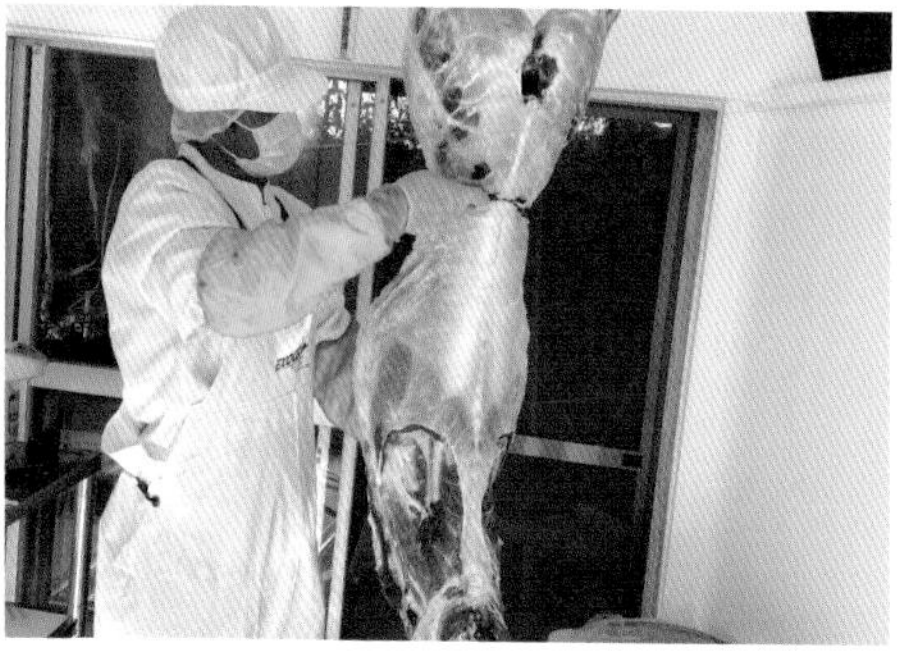

全国に増える食肉加工処理施設が、ジビエ生産の拠点として注目されてきた
（写真＝首藤正人）

2018 年度の狩猟免許所持者数

第一種銃猟	第二種銃猟	わな猟	網猟
88,000 人	2,000 人	110,000 人	7,300 人

環境省の HP より

駆除を目的とする人は肉にあまり興味がない。ハンターは食べる意識が強いが、自家消費できる量には限界がある。駆除活動では頭数を減らして被害を食い止めるのが優先順位の筆頭。報奨金も欲しいとなれば、駆除の証明（写真撮影をしたり尻尾を切り取るなど）を済ませたら、すぐにつぎの獲物を追わなければならない。残念なことだが、獲ったものがジャマになってしまう。

そこでどうするか。獲物を埋設し、つぎの猟場へ向かう。肉を取ることをあきらめるのである。

「なんてもったいないことを……」

ジビエ好きならそう思うかもしれないが、これが現実。駆除された獲物の大半は、食用として消費されることなく処理されてきた。

現在はそこから一歩進み、害獣駆除を、駆除した獲物の利活用も含めて考える機運が高まってきている。農作物の被害だけではなく、環境維持の立場からも放ってはおけない社会問題になってきたと言ってもいい。

最大の変化は、駆除→解体処理→食肉化して出荷というように、生産者から消費者に届くシステムがつくられたこと。各地域に野生動物専用の解体処理施設がつくられ、専任スタッフによって商品化されるようになってきたのだ。僕が狩猟を始めた2013年当時はまだ少なかった、最新設備を備えた加工処理施設が全国各地に新設され、稼働している。

考え方も変わってきている。解体処理施設が軌道に乗れば、そこは地域の人の仕事先になる。肉を販売して利益を上げられれば地域経済の活性化につながる。上質の肉を提供して評判になれば地域のブランド力を高める効果がある。野生動物たちを迷惑な存在として片づけず、資源として捉える発想が生まれてきたのだ。それだけではなく、野生動物による被害を地域全体の問題として共有する、高齢化している狩猟者を増やすなど、地域の将来にかかわる効果も見逃せない。

その成果は着々と表れ、地域差はあるものの、シカやイノシシの頭数や被害額が減るところも出てきている。肉についても、〝○○ジビエ〟と地域名を冠した商品があちこちで誕生して人気を競い合う状況が生まれてきた。

前置きが長くなった。一般消費者がジビエという言葉が浸透してきたと感じ、食べる機会が増えてきた背景には、このような事情があることを伝えておきたかったのだ。

とはいえ、ジビエを日常的に口にするのはハンターくらいのもの。出回るようになってきたといっても、需要も供給量も桁違いに多く、いつでもスーパーで手に入る家畜の肉とは比較にもならない。値段もまだ高く、特別なものというイメージは払拭しきれていない。

それでも思う存分にジビエを食べたい人は、ハンターになるのが最善の道だと僕は思う。地方への移住を考えている人のなかには、駆除活動など狩猟で稼いで生計を立てることを夢見る人がいるけれど、プロになれるのはひと握りだし、中途半端な意気込みでできることではない。しかし、趣味として狩猟をしつつ、獲った獲物を自分で解体して食べる程度ならハードルは高くない。先輩や仲間に恵まれれば、気前よく肉を分けてもらえることもたびたびあるので、品質のいい冷凍庫があれば年間を通してジビエを楽しむことは十分に可能だ。

ところで、ジビエの流行は一時的なものなのか。そんなことはないと思う。被害の増加を食い止めることができたとしても、油断すればすぐに数が増えるので、継続的な駆除活動をしていかなければならないからだ。つまり、短期間のうちに供給源がなくなるとは考えにくい。

しかも、利活用されるジビエはまだまだ全体の一部。相変わらず埋葬処理される個体は多い。加工処理場に持ち込まれても、弾の当たりどころが悪かったり、食肉にする基準を満たせないまま焼却処理される獲物もいる。こうした点が改善されていけば、利活用率は劇的に向上し、供給量の増加につながっていくだろう。

味の点では心配がない。本書でも随所で触れているように、野生鳥獣の肉は臭みがあって食べづらいという言説は過去のものになっているからだ。冷蔵や冷凍保存が難しかった時代には肉が傷みやすかったのかもしれないが……。とくに、シカやイノシシ、クマ、キジ、カモなど昔から好んで食べられてきたものの処理・解体にはハンターの経験値が詰まっていて、異臭が漂うことなどまずないので安心してほしい。

エアライフルの魅力は単独可・省エネ・適度な収穫

銃猟のことに話題を移そう。狩猟で使われているのはライフル銃、散弾銃、エアライフル。長距離で狙うことができ威力も抜群のライフルは大物猟専用。ただし、原則として散弾銃を10年間以上連続して所持しないとライフル銃を所持できないとされている。

獲物によって弾を使い分けることのできる散弾銃は、大物猟から鳥撃ちまで幅広く使われ、ハンターの多くが使用する便利な銃。大物猟をやりたい人、オールマイティに狩猟をやっていきたい人は散弾銃から始めるべきだ。

一方、僕が所持するエアライフルは狩猟界においてはマイナーな存在。弾の威力が弱くて大物猟では使えない、だから鳥撃ち程度しかできない、動いている獲物が撃ちにくい、空気圧が下がるとエアを充填しなければならない、そのくせ銃の値段は散弾銃と変わらない、というのがその理由だ。

「北尾さん、いつになったら散弾銃を持つの？」

ちょっと上から目線で言われたりして、悔しいので言い返したいのだが、銃声が小さいので人を怖がらせにくいですよ、弾が小さく単発で威力がないからヒヨドリなどの小さな鳥を撃つことができますよと言っても、相手はギャフンとならないのである。

しかし、それでもエアライフルを卒業する気にならないどころか、これから狩猟を始める人に勧めたくなるのは、弱点(?)を補って余りある5つの魅力があるからだ。

●単独猟に向いている

大物猟はチームプレーで行われるのが普通だが、エアライフルによる鳥撃ちはひとりで十分に実行可能。猟場に詳しい人が同行しなくても、狩猟が可能な池や川、里山地域などを探索して獲物を見つけることは初心者でもできる。的中したときの回収も、大物猟と比べたらはるかに負荷が少ない。ライフルや散弾銃より弾の値段が断然安いのもありがたい。

●体力は不要

犬を連れてヤマドリを山中深く探すような場合は別として、傾斜地を歩くことの少ないエアライフル猟は省エネで行える。中高年になって猟を始める運動不足の新米ハンターにとって、体力不足は大きな問題になる。僕が10年以上も狩猟を続けることができている理由のひとつは、エアライフルしか撃たないと決めているからだ。

●一発勝負の緊張感

エアライフル猟は連射ができない。セミオートマティック銃であっても、つぎの弾を込めるには手動の操作が必要だし、スコープからいったん目が離れるからだ。そうでなくても、ターゲットが鳥なので小柄。急所の頭部や首となるとさらに小さく、飛ばれたらもちろん、動かれるだけでも難易度が格段に増して撃てなくなる。

カモが群れでいても、狙えるのは1羽だけで、外せば全部が飛び去って行く。エアライフル射撃は一発勝負であり、当たるか外すかの緊張感も満点なのだ。だから、半矢となって2発目を撃つときは、自分の未熟さを反省しなければならない（いまだにときどきやってしまう）。

●解体や保存がラク

狙い通りに仕留めたとき、弾は急所に当たっている確率が高く、即死に近い状態で息絶える。内臓を傷めていなければ肉に臭みが移ることもない。

狩猟中は何かと忙しいが、獲った場所で時間をかけずに腸を抜いたり血抜きをしたり、前処理できるのも利点だ。運搬に苦労することがなく、場所も取らない。大物猟のように、狩猟のあとで解体作業をしてから解散するのではなく、終わったらすぐに帰宅できる。

解体はひとりで十分。解体はキッチンでもできるが羽が飛びやすく、ベランダだと周囲の目もあるので、僕の場合は風呂場に新聞紙を広げて行うことが多い。解体法はネットでも調べられるし特殊な道具もいらないが、羽のむしり方にも、肉の取り方にもコツがあり、こればかりは失敗しながら学んでいくしかない。たとえ上手にできなくても、自分が獲ったという喜びがスパイスとなっておいしく食べられるはずだ。

見過ごされがちだが、鳥撃ちのメリットは保存のたやすさにもある。数日間なら冷蔵庫でできるし、それ以上のときは冷凍庫に入れておく。ジビエ用の冷凍庫を購入するのは腕を上げてからでも間に合う。

●エアで仕留めたジビエは格別

急所を撃ち抜き、素早い処理を施され、ていねいに解体されたジビエがまずいわけがない。人にも食べさせたくなり、ジビエ宴会を開催すると、想像以上に喜んでくれたりもする。そんなときにうれしい感想は以下に尽きる。

「ジビエってこんなにおいしいんだね」

なんだかハンターを代表して褒められた気がするのだ。

そして、これはエアライフルに限ったことではないが、自分が獲った肉を自分で食べるという特別感にも触れておきたい。釣りをする人も同じ気持ちだと想像するが、料理しながら、食べながら、生前の姿が思い出されるのである。

構えたが銃身の支えが不十分でいかにも当たりそうにない（笑）

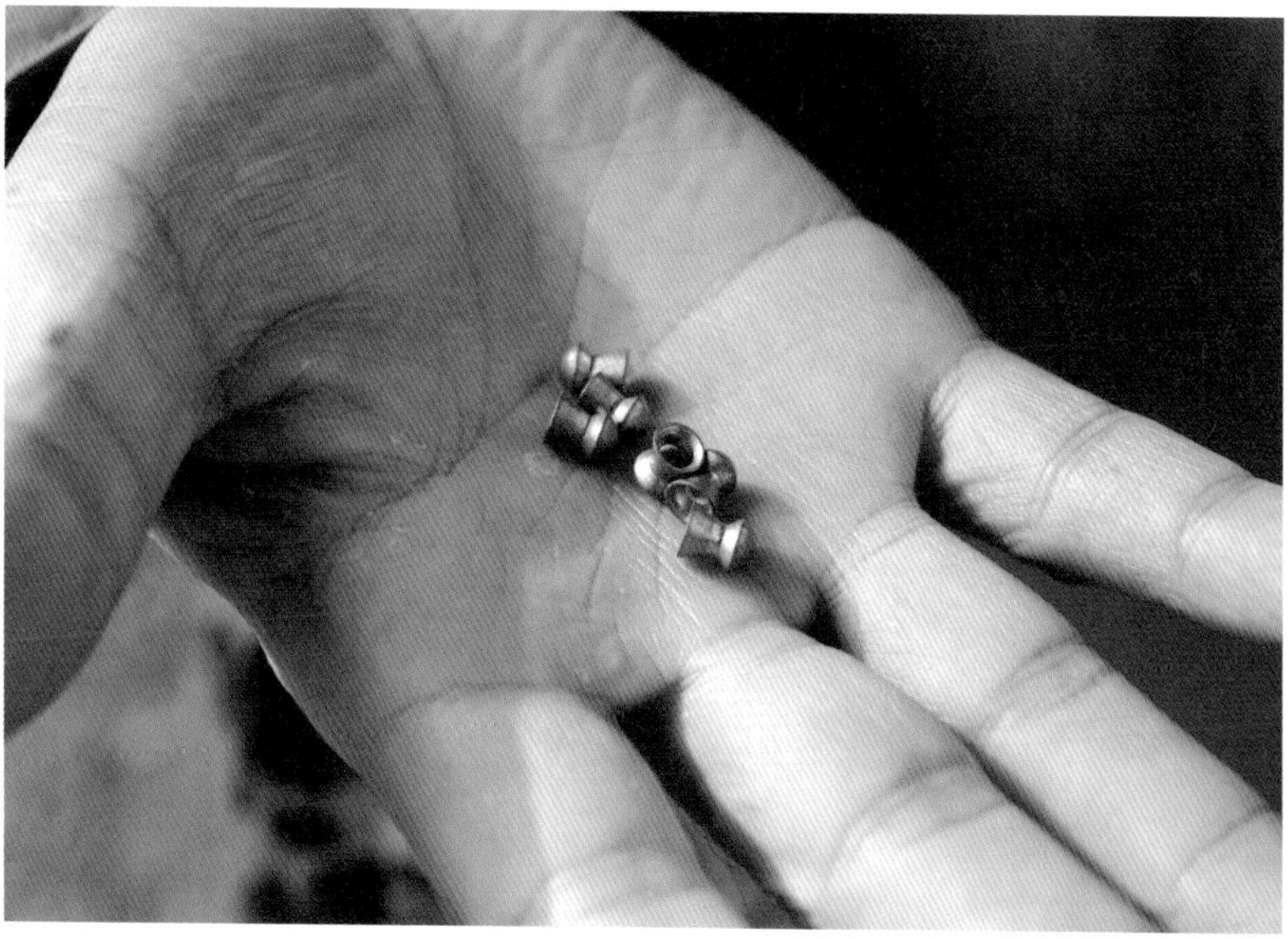

エアライフルの弾は小さいが、急所に当たればカモを一発で仕留めることもできる

そのたびに思うのは、もらった命を残さず食べようということだ。これはもう、命を奪った人は皆、自然にそうなると思うのだが、日常生活のなかでは意外に忘れられがちな感情。毎日のように、スーパーで買ってきた、きれいにパックされた肉を表情も変えずに食べている。

ほとんどの人が、この豚が、鶏が、どういうふうに育ち、誰が解体処理を施したか想像することはないと思うが、その面でも、僕は少し変わった。残さず食べる意識が以前より強くなった。明らかにそれは、自分が獲った鳥を食べるようになってからなのだ。

解体から保存、料理まで手軽にできる狩猟鳥ジビエ

ハンターは意外に食べ方にこだわらない。だいたいは焼くか煮るかで、焼き肉、鍋、汁物が3大料理だと思う。ハンターがシカよりイノシシの肉を上位に置きがちなのは、3大料理に合うからでもあるだろう。

もちろん豚の祖先であるイノシシは旨い。歯ごたえを残しながら口の中で溶け出していく甘味のある脂身なんて絶品だ。僕はイノシシを入手すると、何はともあれひと口大に切って塩コショウのみで焼く。それがおいしければいい肉で、いい肉は余計な味付け不要だと思っているのだ。

しかし、ハンターが肉をくれるときは大量であることが多く、塩コショウで焼いた程度じゃいくらも減らないし、少々飽きもする。そんなときはシシ汁だ。ここでも脂身がいい仕事をしてくれるので、片手間につくっても旨く仕上がる。日持ちがよく、素材を追加することもできるので、シシ汁が始まったら数日間、我が家では味噌汁代わりに使われる。

ただ、鍋にはしない。スライサーを持っていないからでもあるけれど、家族（妻と娘）の受けが悪いのだ。猪肉《しし》は女性にとって少々へビーなようで、たくさんは食べたくないらしい（あくまで我が家調べです）。それだったら肉をローストして赤ワインソースで食べるほうがいいと言われ、宴会時に妻がつくってみたら好評だった。ただ、手間がかかるので家族の食事に出されることはない。

シカは好きだ。個人的にはイノシシよりクマより好きである。クセのなさを好む人、物足りなく感じる人に分かれそうだが、調理の幅が広くて、料理に不慣れなおやじでもチャレンジしやすいのが気に入っている。

昨今、シカカレーは入手しやすくなっているのでつくらない。カレーにするならイノシシ。シカはステーキが一番だと思っている。分厚く切って4面を軽く焼いたら片面を弱火でじっくり焼き、最後にひっくり返せば出来上がり。余熱で中心に火が通るのを待つ。ソースは和風でも洋風でもお好みで。レシピはいくらでも探せる。ローストビーフみたいな食べ方もできるし、ミンチにしてコロッケをつくるのもおすすめだ。ほかには、ハンター間でシカのしゃぶしゃぶが流行っているらしい。冷凍して、解凍中に薄くスライスするのだそうだ。生姜やニンニクとも合うというから、いずれ試してみたい。なお、クマはめったに手に入らないので多くを語る資格はないが、肉は硬めで、じっくり煮込むのが正解だろう。

鳥の部は、ヤマドリ、キジ、カモが冬の食卓をにぎやかにしてくれる。このなかでの王者はヤマドリ。カモが自分で獲ったものだとしても、ヤマドリが冷蔵庫に入っているならこんな調子の会話になる。

「今夜はサクッとカモを食べて、週末に誰か招いてヤマドリにしようか」

だとしても、ノータイムでそれに賛成する自分がいるくらい、ヤマドリは誰に食べてもらっても絶賛される。売買が禁止されている希少性もあるが、文句なしにおいしいのだ。肉は当然のこと、特筆すべきはダシである。鍋を食べたあとの〆の雑炊が、香りといい味といい上品きわまりない。

キジは養殖されて市場に出回る分、初めて野生のものを食べたときはモモ肉の弾力性に驚かされた。ヤマドリほどは脂が乗らず、肉がパサついていたりもするが、蒸し焼きするとジューシーで贅沢な焼き鳥になる。だけど、焼き鳥一辺倒ではなく、もっといい食べ方があるはずだ。

僕が獲るのはだいたいカモだから、食材としても工夫を凝らしていると言いたいところだが、実際は鍋かローストの二択になりがち。ときどき、妻が気合を入れてコンフィ（低温の油で煮るフランスの料理）にすると、そっちのほうが旨く感じる。まだまだ修業が足りない。マガモとカルガモのべ

コガモのつがい（左がオス）。ジビエ好きにファンが多数

ストな調理法も知りたいし、コガモにもそれがある。なかでも鉄分の多いマガモは家族内で好き嫌いが分かれ、全員が納得する鍋にするにはどうしたらいいかが宿題となっている。奥が深いなぁ。

考えてみれば、狩猟を始める前の僕はまったく食べ物にこだわらない男だった。料理当番をしても、麺類かカレー、子どもにせがまれてのオムライス程度で、味付けも適当。もっとおいしく食べられるのではないか、失敗してもいいからこの調味料を使ってみよう、などと食いしん坊魂を呼び覚まされたのは、ジビエがきっかけだった気がする。

料理は結果がすぐに出る。ごまかそうとしても表情に表れてしまう。そこがおもしろいところだから、今後も家族や友人からの厳しい評価を受けながら、〝日常食としてのジビエ〟をつくっていきたいと思っているのだ。

朝は空気銃で鳥を撃ち、夜はフレンチ料理店のシェフになる

趣味と仕事を両立させる〝ハンターシェフ〟生活

長野県松本市に住んでいた当時、僕の悩みは、手軽に鳥撃ちのできる地元の猟場を知らないことだった。ところが、あったのである。クルマで10分の里山エリアに、ため池と雑木林が同居する絶好のエリアが広がっていたのだ。

その情報を教えてくれたのが、空気銃で鳥撃ちをしている猟師がいると聞いて会いに行った、フレンチ料理店『レストロ リン』を経営する小林昌和さんである。

「空気銃やるんですか。案内しますから、一緒に行きましょう」

大物猟全盛のいま、松本では空気銃で鳥撃ちする猟師は少数派。小林さんも仲間が欲しかったらしく、猟に誘ってもらうことができた。

猟をする常連客のすすめで小林さんが狩猟免許を取得したのは２０１５年。猟友会に入り、当初は散弾銃を使って大物猟に参加していたが、定休日は平日だし、店がある日は朝９時過ぎには切り上げなければならないため、他のメンバーと歩調を合わせることが困難だった。そこで、ひとりでも可能な方法はないかと考え、２０１７―18シーズンから空気銃を使い始めたという。

ということは、僕のほうがキャリア的には先輩だ。散弾銃と違って一発勝負だから当たらないでしょう。

「そうですね。まだ10羽くらいしか獲れていません」

え、そんなに獲っているのか。狙いはカモだろうか。

「カモはため池の奥にいるときと、ゆっくり猟ができる定休日の楽しみですね。普段、一番獲っているのはキジバトです。ヒヨドリもたくさんいるので狙いやすいですよ」

現場へ到着すると、その意味がわかった。ここは大きなため池で、たしかにカモの群れがいるのだが、大半は道路側に集まっているため撃ちにくいのだ。法律的には問題なくても、銃を持った猟師がウロウロしているのをクルマで走っている人が見たら、いい気持ちはしないだろう。貴重な猟場だからこそトラブルのもとは避け、クルマも人もほぼ通らない、ため池の奥側にカモがいるときだけ狙うようにしているのだ。

ため池の山側は雑木林。このエリアが、小林さんの主戦場だ。ついてすぐ、キジバトが複数見

樹木に銃身をあずけて安定させ、枝に止まるキジバトを狙う

え、ヒヨドリもあちこちにいるのがわかった。素早くクルマを降りて山側へ入り、木の幹に身体を預けるようにして銃身を固定。初日は当たらなかったが、二度目の出陣で見事にキジバトを仕留めた。発見してから発射、回収まで、ものの2分。そのスピード感からも、この場所に通いつめていることが窺い知れる。

「やってみたらおもしろいし、当たるので、ハマっちゃいました。毎日のように来ています。ここからスタートし、ほかのため池や雑木林をひと巡りすると約2時間なんですよ。で、店が休みの日には遠出してマガモを狙うんです」

一日のタイムスケジュールを聞いて驚いた。6時前に起床して7時には現場へ。9時過ぎまで猟をしていったん帰宅。朝食後すぐ店に行き、ランチの仕込み。午後の休憩時間は店で少し休むだけで夕方の仕込みにかかる。営業を終えて店内を掃除し、家に帰るのが24時ころ。就寝は午前2時だという。そんなハードな日々を送りながら、定休日まで出猟するのだからクレイジーだ。射撃の腕が上がるのも納得できるのである。

話していて感じるのは、是が非でも仕留めたいという気持ちの強さ。猟に出ただけで満足しがちな僕とは違い、手ぶらで帰るのが悔しくてたまらない。1羽獲れたらもう1羽となるし、キジバトが獲れたらヒヨドリも獲りたくなる。

「欲は深いです（笑）。ただ獲るだけじゃなくて、料理してお客さんに出したいですからね。獲物は商品でもあるから、もう必死。お客さんからも、カモ食べさせてくれとかリクエストされますから、常にプレッシャーがかかっている状態なんですよ」

仕事上の必要性と時間制限が現場での集中力や粘りを生む。でも待てよ。そうであれば、同じ鳥撃ち猟師の僕に猟場を教えていいのだろうか。

「大歓迎です。キジバトなどは撃っても比較的すぐに戻ってきますから。それに、ひとりは気楽でいいけれど寂しくもあるんですよね。バカ話したり、獲った鳥の自慢をしたり、そういうことも込みで、狩猟を楽しんでいきたいですね」

その言葉にウソはなかった。翌朝から、獲物を獲るたびにLINEで写真が届き始めたのだ。細かい説明はなくても、現場を知り、空気銃を使う僕には、その価値がよくわかる。

「キジやヤマドリの出る場所もありますから、来シーズンはぜひ行きましょう」

望むところだ小林さん!

＊

『レストロ リン』は、カットや焼きを含め、肉使いがうまいと評判の店だ。予約がいっぱいで、ふらっと行っても入れないことが多い。といって、派手な宣伝はしていない。リピーターの多さと口コミで満員になるのだ。若くしてビーフの本場である神戸に出て10年以上の修業を積んだ小林さん、射撃センスもいいが、料理はさらに本物なのである。

ランチタイム後の休憩時間に訪ねると、狩猟スタイルとは一転、料理人の顔になった小林さんが待っていた。壁に飾られているタヌキの毛皮は、自分でなめしたものだそうだ。

メニューを見ると牛、豚、鳥はもちろん、カモ、シカ、ウサギ、羊などの肉料理がずらりと並んでいる。信州サーモンをはじめとする魚料理もあるけれど、主力は肉だ。

調理法は、シカを豪快に焼いて赤ワインをベースとしたソースで食べさせたり、ちゃんと肉の原形がわかるかたちのものが多い。つまりは、ごまかしのきかない料理。肉質が劣ったり、焼き方が甘ければ、客はすぐに気がつく。凝ったソースも使うけれど、それに頼りすぎず、技巧にとらわれすぎず、素材の良さをなるべくストレートに伝えようとしているんだなと僕は思う。

これだけでも十分にジビエを満喫できる料理店といえそうだが、これらはあくまで年間を通して提供される〝レギュラーメンバー〟。狩猟期間（駆除期間を含む）ともなれば、輸入素材ではなく、松本産のシカやイノシシを使った料理が加わり、ジビエの〝強力打線〟が形成される。地元産については、解体の名人が手がけた肉しか使わないこだわりようだ。

「解体の良し悪しで肉の味は全然違ってくるんです。ましてジビエの場合は個体差も大きい。いい肉をたっぷり食べてほしいから、そこは吟味しますね」

さらに、みずから獲った鳥の料理がここに加わるわけだが、いつも食べられるとは限らない。

「肉はある程度寝かせ、熟成したところを食べるのが旨いのですが、鳥に関してはすぐ食べるのが

キジのメスに体色が似ているところからこの名がついたとされるキジバト。ほぼ全国に分布し体長は 30 cm強。肉は鉄分控えめの赤身

ときにはこのようにカモの大群に出会うことも。回収のことまで考えて撃つのが鉄則

ベストだと思います。理想は野菜のように、朝獲ったものをその日のうちに食べること。それがおいしいとわかっているから、猟に出るとますます必死になるのかな」

解体ももちろん自分で行う。冬の時季、小林シェフがゲットしたキジバトを食べてみたら、肉汁が口の中にほとばしる旨さだった。塩があればソースも不要なほどの芳醇さである。当たり前だが、僕が先輩猟師にもらった肉を焼くのとは全然違う。

しかも、1羽丸ごと使って外した骨まで皿にのって出てくるので、いま食べているのがどこの部位なのかもすべてわかるのだ。説明を求めれば、小林さんがうれしそうな顔で教えてくれるのは言うまでもない。

料理が好きで料理人になり、この道ひと筋でやってきたため、これといった趣味がない。そんな小林さんにとって、狩猟はようやく発見した〝年中夢中〟になれることだった。鳥撃ちをしたら、肉を店で出せるじゃないかと発想してしまうのは、いわば料理人のサガ。まず先に〝好き〟がなければ、睡眠時間4時間で日々出猟できるものじゃない。

「もちろんカモは旨いですよ。人気もあるから僕もたくさん獲りたい。マガモを獲ったらそりゃうれしいです。でも、カモを出す店は珍しくないじゃないですか。その点、キジバトやヒヨドリってレストランではあまり出さないでしょう。お客さんも、初めて食べる人が多いんですが、そういうものを提供できるのが、料理人が猟師をやってる強みなのかな、と思ったりします」

たしかにそうだ。僕はときどき師匠から「柿にたくさん集まるから、ヒヨドリ撃ちでもやってみる?」と声をかけられるのだが、解体がヘタなので獲ったあとの工程と食べられる肉の量を天秤にかけて、これまでやったことがなかった。

常連客のリクエストに応えるべく、腕によりをかける

小林さんの言葉で印象的だったのは、自分で獲ることを含めた地場産ジビエへの情熱だった。海外から輸入した肉をジビエとして提供するのもいいけれど、松本で獲れたシカやイノシシが提供できたらもっといいし、そのほうが自然なのだ。

そのためには、高品質な肉を適価でコンスタントに入手できる流通ルートの構築が必須だが、不可能な話ではない。長野県は『信州ジビエ』で売り出そうとしているが、〝ジビエの本場〟というべき町はまだ現れていない。

ジビエに人気があることは『レストロ リン』がすでに証明している。ほかにも猟師が経営する店がある、観光都市の松本が「我こそは!」と名乗りを上げたらおもしろいと思う。

イノシシを豪快にグリルしたひと皿。見栄えの良さと迫力に食欲がかきたてられる

味覚も視覚も満足させたい小林シェフの料理はボリューム感も満点だ

華やかにテーブルを彩るシカのローストはフレンチジビエの鉄板人気メニュー

やまのにく、売ってます

狩猟のプロ集団が活躍する遠山郷和田宿

静岡県との境までクルマで20分。長野県の南端に位置する遠山郷和田宿は、秋葉街道の宿場町として昔から栄えてきた。いまでこそ過疎化に頭を悩ませているものの、歴史と伝統に支えられた風情ある町並みが残っている。スズキヤはその中心部にあった。ここで扱われているのはイノシシやシカを中心とした野生動物の肉がほとんど。創業67年目を迎える、全国的にも珍しい「やまのにく」専門店である。2代目の鈴木理さんの言い方を借りれば「野のものを扱う肉屋」だ。

「遠山郷はかつて山の木で年貢を払っていました。山の産物で塩を買い、物を買って暮らしてきた。もちろん古くから狩猟も行っていました。そういう土地柄ですから猟師がプロなんです。味には自信を持っていますが、その理由は専属猟師がいて、彼らが売り物になる肉を持ってきてくれるからだと思っています」

猟師たちは長い年月のうちに組織化され、それぞれの持ち場で猟をする。いまは26エリアに分かれ、それぞれに親方がいて、スタッフを抱える体制ができている。年間を通じて狩猟をするので、質だけでなく量も豊富。スズキヤではこのシステムで肉を調達し、自社工場で解体と加工を行って販売する。どの山で誰が獲ったどんな肉なのか、すべて把握できるのが強みだ。質を保つための管理も徹底している。

「山獲りのイノシシやシカで、畑のある地域では獲りません。山が育んだ栄養をたっぷり摂取したものだけを販売したいからです」

スズキヤの肉の多くは特製のタレに漬け込まれ、焼き肉によく合う。もともとは煮込んで食べる文化だったのだが、朝鮮半島からの労働者に焼いて食べる方法を教わり、広まったという。さっそく焼いてみた。ここでは焼き肉をするとき、ビールではなく、もっぱら地酒の「喜久水」を飲むと聞いて不思議に思ったが、タレがさっぱりしていて日本酒に合うというのも納得できた。

地元以外では松本エリアや静岡県の業者に卸してきた商売を、足を使っての営業努力で徐々に広げ、2008年に新工場をつくった。通販での個人注文に手応えを感じ、さらなる需要に対応するためだったが、じつはもうひとつの目的があったという。遠山郷に根ざしてきた肉屋として、人口流出が目立つ地元に雇用先を増やすことだ。

「店も同じことです。遠山郷のスズキヤとして売り出そうと思ったんですね。ところが新工場が完成したと同時にリーマンショックがきちゃって」

特性のタレに漬け込まれた肉が名物

取引先が減り、経営がピンチに追い込まれたという。

「イベント出店や新規営業もしたし、サイトを何度もつくり変えたりしたものです。メールマガジンの発行や取引先や個人注文客に毎月お便りを書くこともその頃から始めました。なんとか乗り切ったけどキツかったね、ははは」

苦労はやがて報われる。通販での注文が伸びてきたのだ。宣伝費をかけたわけでもないのになぜ？　いまだ理由はわからないそうだが、結局は味だろう。食べておいしいと思った人が誰かに感想を伝え、口コミで広がっていったのだ。

アイデア豊富な鈴木さんは、イベントで自ら被り物をしたり、シシにちなんで4月4日を猪肉の日にすべく記念日協会に登録したり、気を緩めることなく〝遠山郷のスズキヤ〟の売り出しに懸命だ。

「ずっと若旦那と呼ばれていいます。僕も60代前半だもんで、そろそろ卒業したいんだけど……」

有限会社肉の鈴木屋は現在25名。すべて地元の人で構成されている。この数をさらに多くしたい。遠山郷を元気にして、風光明媚な自慢の町を訪れる人を増やしたい。そのためにできることは何でもやるのだ。

「ちょっと待ってて、デザート持ってくるから」

運ばれてきたのは追加の肉。と、そこへ園児たちがやってきた。子どもたちは町の宝物。今日は節分の日。さて、どうするか。

「あ、これがいいかな」

すかさずシカの角をかぶり、鬼に変身して相手をする鈴木さん。やっぱりこの人は、貫禄たっぷりの社長より、若旦那でいるのが似合うと思う。

遠山郷ジビエをけん引する“若旦那”こと鈴木理社長

地元だけではなく県外からもファンが買いに来る。ウズラやウサギなど珍しいものも含め、31 種のレギュラー商品＋アルファをそろえる充実のラインナップで、その期待に応えている

年間を通じコンスタントに売れる猪ジンと鹿ジン。安定供給できるのは遠山郷のプロ猟師たちの活躍あってこそだ。肉は筋張ったところがなくとても食べやすい

猟師がつくる郷土料理は和のジビエ満載だ

冬は猟師、夏は漁師のオールラウンダー

食事前、客の関心は旨いかどうかに集中し、店に入るときから料理を口に運ぶまでそれは続く。その味が（値段も含め）期待を大きく上回れば、つぎは誰かを連れてきたくなる。いい店があると知人に教えたくなる。口コミが最強の宣伝になるのは、昔も今も変わらない商売の鉄則だ。

大分県玖珠郡九重町にある『樂樂』は、どっしりした古民家風の店構え。九重から日田へと抜ける街道沿いにあるが、けっして便利な場所ではない。しかし、訪れた人の期待値を大幅に超える味とサービスでリピーターを集めていると聞く。それが単なる噂でないことは、店に入った瞬間にわかった。店主の首藤正人さんが仕留めたシカの角、ヤマドリの剝製などが所狭しと展示されたギャラリーになっているのだ。余計な説明はいらない。ここは猟師が経営する店で、解体技術や肉の鮮

度に自信を持ち、季節折々の旬の味を提供している店だと一発でわかる。

そうなると必然的に期待も大きくなるわけだ。僕もそうだったし、ジビエに関してはそれなりに舌が肥えている。が、『樂樂』のジビエは軽々と僕史上の〝K点超え〟を果たしたのだった。

いい肉を、炭で焼き、旨味を引き立てる味付けをして熱いうちに食べるという基本を忠実に守っている。おかげで、とてもじゃないが食べきれないだろうと思った料理を残さず平らげてしまった。

素朴なように見せかけて首藤さんはこだわりの人でもある。イノシシはメスの肉しか使わない（オスは臭みが出やすい）。半矢で走られたら血が回って味が落ちるから、シカは頭か首しか狙わない。もしも客に提供できる質と量がそろわないときは臨時休業する。こうしたルールをみずからに課すことで味のレベルを高く保ち、客の満足度を上げるのだ。

「いいものしか出さないように注意しています。このあたりでジビエ料理を出す店はウチだけだから、九重のジビエは旨くないとは絶対言われたくないじゃないですか。狩猟歴は20年ほどですが、小さいときから家の前が川、後ろが山という環境で育ってきました。冬は猟師だけど夏は漁師。アユ釣りやウナギ、スッポンを獲るのも得意です。それらを、〝和のジビエ〟として提供したいんですよね」（首藤さん）

子どもの頃から自分で獲って食べることを普通にしてきたため、命をいただく感覚が自然に身についた。高校卒業後、関西で16年間、料理関係の仕事をし、その間に狩猟免許を取得。本格的に始めたのは地元に戻ってからだが、持ち前のフィールド適応力でメキメキ腕を上げた。

降雪量が少なかった今年は、草を食べに来たシカを100m離れた場所からでも狙いやすかったという。わな免許も所持するが、肉質を考えるとスラッグ弾もしくはライフルで急所を撃つのが最善だという。キジやヤマドリの生息場所も知り尽くしている。

「狩猟の時季は張り切って猟に出るから、逆に店をあけられなかったりして……。冗談ですよ、がんばって営業してます。ただ、ないときはないので、遠方から来られる方には予約をお願いしています」

この日は炭火焼きだけでもシカ、イノシシに加えてアナグマが出てきたが、思いのほかクセもなく食べやすい。炭火以前に解体がプロ技。すでに満腹なのに食欲が止まらない。

「では、これも食べてみてください。キジ飯です」

わ、絶品。キジにありがちなパサパサ感がなく、しっとり味わえる。ダシがまたよく出ている。さすが関西仕込みの料理人だ。

「いやいや、こういうのは自己流。おふくろの味がベースになってます。郷土料理をジビエでやる感覚かな。だから、遠方からのお客さまを喜ばせることができるんだと思う」

通販をせがまれることも多く、首藤さんがさばいた肉を食べられる店もなくはない。本格的に取り組めば売り上げは上がるし商売にもなる。でも、それはホドホドでいいという。

「そうなると、たくさん獲ろうと欲が出るじゃないですか。自分は山や川で遊んで、そこにいる獲物を適正な数だけもらうやり方が好きなんですよ」

スタッフに「首藤さんってどんな人？」と尋ねたら、「解体から料理まで、猟に関することが好きすぎる人」と返事が返ってきた。納得。49歳の自然児ここにあり、である。

首藤正人さん。何よりも猟が好き。自分で獲ったものを おいしく食べてもらうべく、急所のみ狙い一発で仕留める厳しいルールをみずからに課す。もちろん肉の処理も自分で行う

『樂樂』には九州全域、ときには遠方から飛行機に乗ってジビエ愛好家がやってくる

自分で獲ったものを、解体処理し、料理して提供する。肉質の良さは炭火焼きがもっともわかりやすい

甘味をつけたシカのタレ焼き

具材たっぷりのイノシシ汁は猟師ジビエの定番料理だ

イノシシとカモの山賊鍋。両者のダシが融合し、奥深い旨味を演出

炭火焼きすることで余分な脂が落ちるとともにふっくらと仕上がる

今宵……山の鳥たちの実力に触れる美味探求！　ジビエマスターのフルコース

鳥の旨さをわかってほしいのだ

九州出張のスケジュールを考えていると、前項で登場した大分県在住のハンターにして和のジビエ料理店『樂樂』のオーナーでもある、首藤正人さんから連絡がきた。鳥料理をふるまうからぜひ寄ってくれという。そんな人にわざわざ声をかけてもらったら断る手はない。

どうやらこの話、『狩猟生活』の鈴木幸成編集長（以下、スーさん）が依頼したものらしいのだ。スーさんはシカ猟の取材で大分を訪問し、首藤さん宅に宿泊。普段はなかなか味わえないジビエ料理を食べてみたいという話をしたことが首藤さんの頭から離れなかったらしい。その準備が整ったので、「同じものばかり食べていないで、いろんな鳥のうまさを知ってほしい」と言うのだった。

僕は第一種の免許こそ持っているものの、散弾銃を所持せずエアライフルのみで狩猟をしている鳥撃ちハンターだ。センスがないのか、いつまでたっても腕前が上達せず、これまで獲ったのはバン（2022シーズンから狩猟禁止）、マガモ、カルガモ、コガモ、ヒドリガモ、ホシハジロ。先輩猟師からいただいたキジ、ヤマドリ、ムクドリ、キジバトを合わせても、狩猟鳥26種のうち半分にも満たない。食べた回数はマガモとカルガモが断然多く、キジとヤマドリがそれに続く。首藤さんが言うように、せっかく鳥撃ちをしているのに偏ったジビエしか口にしていないのである。

キジバトなどは山に入ればちょくちょく目にするし、味の良さにも定評があるのだが、発砲音でカモに警戒されてはたまらないと考えがち。何度か撃ってみたこともあるが、そのときは外してしまった。僕のように、何年たっても特定の鳥しか口にしないハンターも案外多いのではないだろうか。

しかし、首藤さんによればそれは間違いである。

「なんでも狙ってみましょう。獲れたら食べてみましょう。せっかく猟をするなら、そのほうが楽しいじゃないですか」

ぐうの音も出ない。しかも、僕が見逃している鳥たちには、想像以上においしいものがいるのだという。いったいどんな料理を味わわせてもらえるのか、期待を胸に首藤家に到着した。

「いざ必要となると獲物との出会いがなかったりして、大丈夫かなと思いましたが、なんとか間に合いました。もう仕込みは終わっていますから、今日はたくさん食べて行ってください」

通されたのは飲み屋の広い個室と見まがうような部屋。人を招いてもてなすのが大好きな首藤さんは、囲炉裏付きのテーブルを設置して、おいしい酒とジビエ料理でしょっちゅう宴会をしている。後輩の猟師と差しつ差されつで猟の話をすることもよくあるそうだ。

ヤマシギとコジュケイ——「ジビエの王様」と「ほのかな香ばしさ」

今宵の宴に登場した鳥たちを順次取り上げながら話を進めたいが、まずは下準備の基本から伝授してもらおう。鳥に限ったことではなく、ジビエ全般に共通する鉄則として、下ごしらえに手を抜くな、というのがある。

「ちゃんと下ごしらえされたジビエは、ちゃんと実力を発揮する。当たり前のことですが、面倒がって適当にやる人が多い。でも、考えてみてくださいよ。獲物を仕留めるの、大変でしょ。苦労して手に入れたものを、わざわざベストじゃない状態で食べるのってどう?」

たしかに、猟師は普通の人が寝ている時間に起き、ツキに見放されれば手ぶらで帰ってくるどころか獲物の影も見えないのを承知で出猟する。獲れる保証がないからこそ楽しいともいえるが、やっぱり獲れればうれしい。手にした獲物には、そのときの気持ちがこもっているわけだ。で、

ヤマシギは周囲の風景に溶け込むような保護色をまとっている。生息しているエリアでは注意深く観察することで、見つけられるようになる

コジュケイは群れでいることが多い。普段は藪に潜んでいるが、朝夕の薄暗い時間帯にはよく出てくる。木の実や箱わなの餌についていて、首藤さんはエアライフルで狙うなら5.5㎜、散弾は3号で頭を狙う

獲ったからにはしっかり命をいただこうと持ち帰る人が大半だが、急いでいたり寒かったりすると、処理は後回しにしてそのままクーラーボックスに放り込んでしまう。

「鳥撃ちでメインとなるカモやキジ、ヤマドリを獲ったら、すぐに腸を抜き、中に水を入れて洗浄する。弾が内臓に当たったときは血を含んだ赤い水が出てくるので、色が透明になるまで繰り返し水を入れて入念に洗う。それだけで味が全然違ってくるのは、猟師ならまあ知ってることですよね。だったらやりましょう」

もうひとつの基本は、解体時に骨を捨ててしまわないこと。特に鍋料理はダシが命だから骨が重要になる。これもみんなが知っていることで、要はやるかやらないかの話だ。おいしく食べようと思ったら、やるべきことをちゃんとやれということだろうか。

「そうです。解体にも手順やコツがあるし、包丁の研ぎ方ひとつとっても奥が深く、見栄えだけじゃなく味にも影響してきます」

マニア気質の首藤さんは道具にも一家言ある人だが、その話になると熱くなっていつまでも食事ができそうにないのでここでは省こう。さて、何から食べさせてもらえますか。

「まあ焦らないで（笑）。いま持ってきます」

運ばれてきたのは鳥ごとに盛り付けられた大皿。味の特徴がわかりやすく比較もしやすいのは炭火焼きなので、順次焼いてみてくれるという。

「舌がフレッシュなうちに、未体験の鳥を味わってみては?」

となると、ヤマシギとコジュケイだ。僕だけではなく、これらはスーさんも初とのこと。なかでもヤマシギは、ヨーロッパで『ジビエの王様』と呼ばれるほど美味だという。体長は三十数センチとまずまずの大きさなのだが、夜行性で昼間は森の中で静かにしているため出会いの機会が少なく、この鳥を追いかけてでもいないかぎりは簡単に獲れる鳥ではない。首藤さん自身、僕たちにヤマシギを食べさせたいと思ったから獲れたので、動きの速い鳥だから偶然仕留められるものではないそうだ。解体した頭部を見せてもらうと、くちばしがまっすぐ長く伸びている。これで泥を探ってミミズを捕らえるのだ。肉の色は赤みがかっている。

さっそく胸肉とモモ肉を焼いてみた。

「これはいいですね。深い味わいというか」

僕より先に、胸肉に食らいついたスーさんが反応する。

「そうそう、カモっぽい味ですよね。モモはどうですか」

今度は僕の番だ。これは野趣あふれる味……、ジビエなのだから当然か。筋肉質で歯ごたえ十分。ワイルドな肉が好みな人なら拍手したくなる味だと思った。

つぎはコジュケイ。こちらは薄ピンク色の肉だ。モモ肉はヤマドリを連想させる脂がついている。体長35㎝程度のヤマシギよりひとまわり小さく、コロンとした体形の体長27㎝程度の鳥だけれど、よく歩き回るためモモが発達しているようだ。

「上品で淡白。これはやっぱりヤマドリ系ですね」

つい平凡な感想を漏らしてしまった。ハーブのようなほのかな香ばしさがあるところまで似ている。両者とも木の実をよく食べるせいかもしれない。モモ肉だから歯ごたえはあるものの、どちらかといえば軟らかくて食べやすい。

両者の実力、甲乙つけがたし。野性味を求めるならヤマシギ、食べやすさならコジュケイというところか。これはうれしい悲鳴でもある。

狩猟鳥たちは味で選ばれているわけではない。当たり外れもあるはずで、僕とスーさんには食べてみて「これはどうなんだ?」と言いたい気持ちもあったのだ。

普段、自分で調理するジビエとの差に言葉を失う北尾であった

美しい盛り付けが食欲をそそる。上から時計回りにヤマシギ、キジバト、コジュケイ。ハツやレバーなどの内臓も串焼きで余さずいただく

キジとヤマドリ——猟師に愛されるツートップ

「残念ながらその期待にはこたえられないかな」

ここで満を持して登場したのがキジとヤマドリだからたまらない。〝まずいジビエ〟はまたのお愉しみとし、炭火で豪快に焼くことにした。僕が猟をする信州では見ることのないアカヤマドリだったが、肉質は変わらないとのこと。どちらも毎シーズン、欠かさず食べているので、ここはスーさんにレポートを任せよう。

「おいしいです。アカヤマドリはもちろんですけど、キジが肉汁たっぷりで見直しました。もっとパサついたイメージだったので」

そこは料理人の腕に加え、炭火焼き効果も関係があるだろう。キジは養殖もされ、蕎麦屋のメニューにキジ蕎麦があったりもして、カモなどとともに一般に浸透している狩猟鳥。でも、野生のものは養殖より筋肉が発達している。それが炭火で焼くことによってマイルドかつ、ふっくらと焼き上がるのだ。

僕も普段、キジを少々低く見る癖がついていたので、食べてみて驚いてしまった。硬い肉だったとしたら、キジのせいではなく料理の腕が未熟なのである。

「キジは焼くのが一番。鍋のときは煮込むと肉が硬くなるので注意してください。食べ方の問題で、本来キジ鍋は旨いんだから（笑）」

ヤマドリは獲って良し、食べて良しの、鳥撃ち猟師に大人気の鳥なのに、猟師以外で食べた経験のある人は極端に少ない。理由は売買禁止とされているから。コジュケイのところで触れたように味は申し分なく、これまでヤマドリの味をけなす人に会ったことがない僕は、〝狩猟鳥の最高峰〟と呼んでいる。だから、スーさんの箸が止まらなくなるのも必然性があるのだ。つられて僕もキジ、ヤマドリの焼き鳥を食べまくり、かなり満腹になってきた。

しかし、気合満点で仕込みをした首藤さんは、この程度では済ませてくれない。

「ひととおり焼きで食べたら、鍋で一杯やってもらわんとね。今日はこれがメイン。肉はどっさりあるから遠慮しないで食べてってください」

ドヤ顔の首藤さんが運んできたのは山賊鍋（北九州地方のなんでもありの鍋スタイル）。野菜もキノコもどっさり入った豪快な猟師料理である。キジとヤマドリのW骨出しスープ、肉は両者の胸肉、ハラミだという。腹壁の筋肉であるハラミを持ってきたのがさすがなところ。さらに、それ以外の肉はつくねにまとめ、ゆずの皮を混ぜて臭みを消す工夫も心憎い。つくねにするのは肉を残さず使い切るのにも効果的だが、じわっと脂が溶け出して鍋全体の旨味にも大いに貢献してくれる。

これは贅沢。山賊鍋というより、『キジとヤマドリの猟師鍋』と名づけたい。さっきから肉ばかり食べている僕とスーさんは腹八分まで来ていたのに、この鍋を見たら再び食欲がわいてきた。

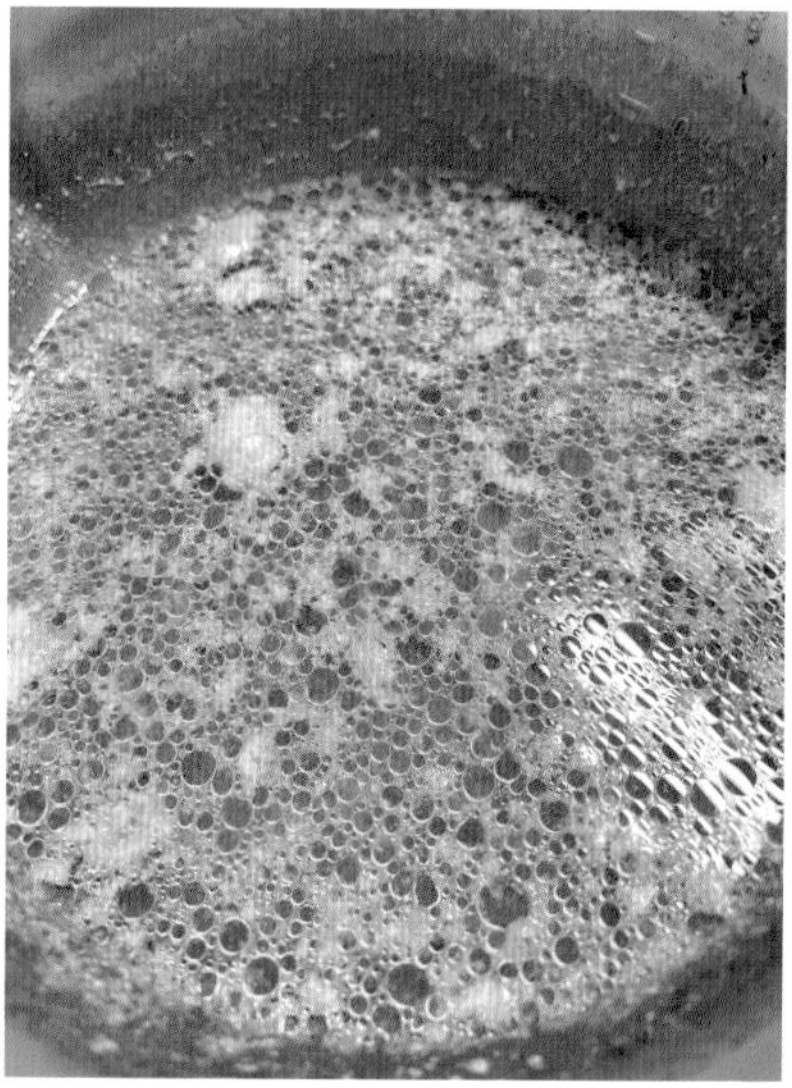

旨味エキスが凝縮されたキジのダシ汁。
雑炊が最高です

考えてみたら、僕はこれまでキジならキジ、ヤマドリならヤマドリと分けて考え、両者が一堂に会する鍋を食べたことがない。贅沢すぎるもんね。でも今日はそれができる。ガブッ。キジの弾力、ヤマドリの軟らかさがいっぺんに味わえて楽しい。どちらかというと雑炊をつくるために鍋にすることが多かったのだが、これは極上の味。〝肉を味わいたいなら焼いて食え〟という先入観が吹き飛ばされてしまった。

「ダシが効いていますね」

スーさんが漏らすと、首藤さんも箸をつけ、うなずきながら酒を旨そうに飲んだ。

「店で売っている豚肉も牛肉もいいけど、私は自分で獲ったものをさばいて食べるのが一番おいしい。野生のものはパワーがあるもん。ところで、まさかこれで終わりだと思ってないですよね」

いやいやいや終わりでしょう。僕もスーさんもすでに満腹を通り越して苦しいほどなのだ。笑いながら席を立つ首藤さんは、これ以上何を食べさせようというのか。

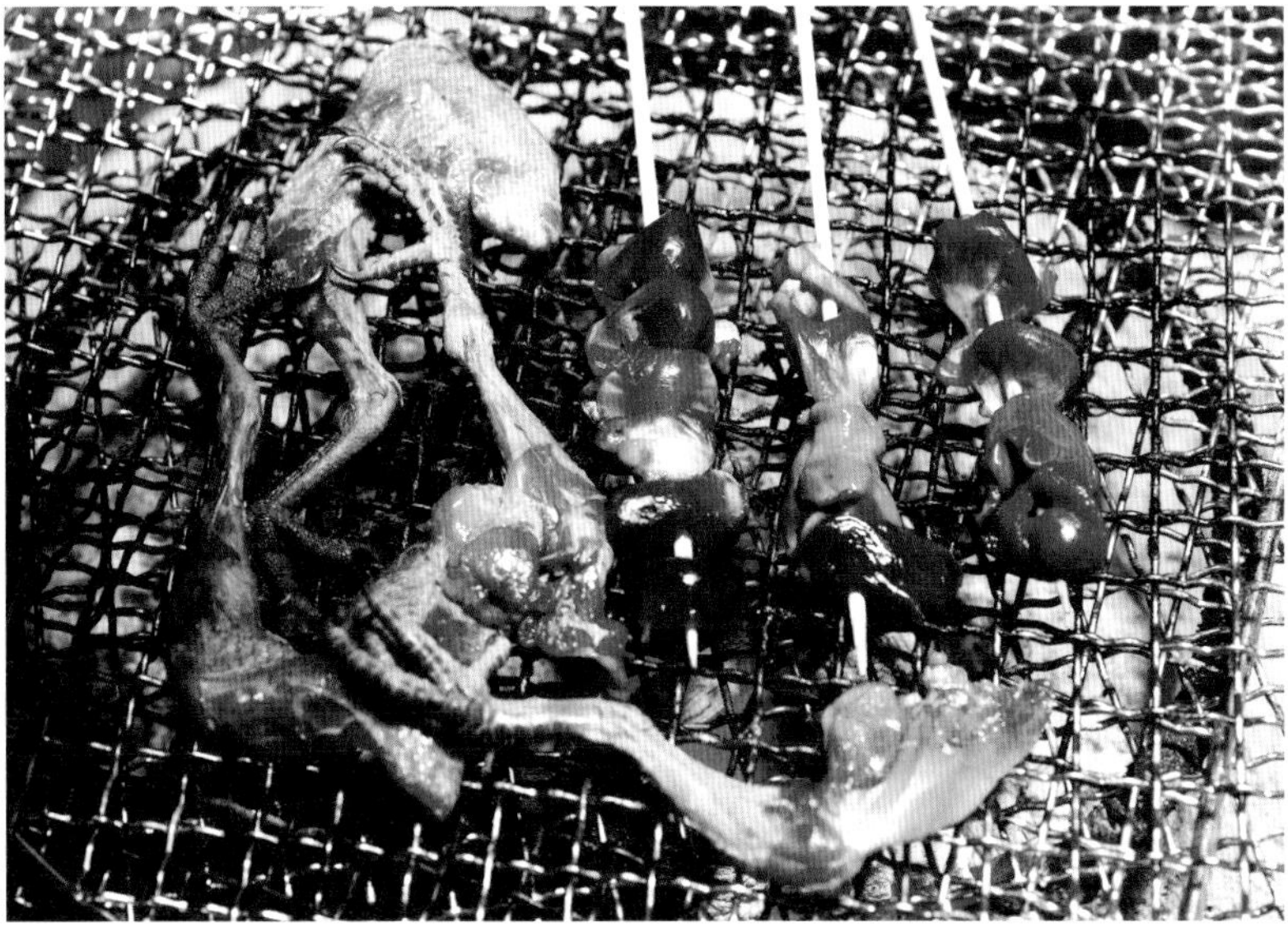

焼いて良し、鍋にして良し、ビールから日本酒まで酒ともよく合う鳥ジビエは冬場のごちそう。友人や家族との話も弾むというものだ。大物猟が好きな人も、ときには趣向を変えて鳥たちを追ってみてはいかがだろう

飲み屋顔負けの〝首藤亭〟では、人を招いては新鮮なジビエをふるまう宴会が開催されている

キジバト——満腹中枢を狂わす〆のハト飯

「これを食べないと損するよ。〆のハト飯、騙されたと思って食べてみてください」

よりによって飯物だ。スーさんを見ると顔が引きつっているようだった。出されたものは黙って食べろと育てられた昭和男にも限界というものがあるのだ。しかし、ジビエ料理を食べたい、協力してほしいと頼んで、期待に応えるために何日も猟場に出てくれた首藤さんの手料理を断っていいのか。そんなこと、できるはずがない。オヤジふたり、腹をくってハト飯がよそわれるのを待ち、意を決して頬張った。

「旨い！」

同時に声が出た。ごはんへのダシの染み具合がすごい。この料理はおそらくどこのジビエ料理店でも出てこない首藤さんオリジナル。どこか懐かしい味付けはどこからきたのだろう。

「これはおふくろの味なんです。鶏肉を使えば鶏飯になる。結局、自分の味付けはガキの頃から食べてきた家庭料理が基本。ジビエが素材だとしても、そこは変わらない」

つくり方のコツは、キジバトを肉だけではなく骨付きで使うこと。下から米↓ゴボウ・ニンジン↓肉↓油揚げ・ぬかご（むかご）↓骨付きモモ肉と積み上げて炊き上げるのだ。できあがる頃には骨からダシが出て、肉はホロホロで取り外せる状態になっている。ぬかごで飯に粘り気をつける点も個性派家庭料理のダメ押しになる。おかずなどなくても、これだけで十分だし、飯が冷めたところで握るおにぎりも極上だろう。

キジやキジバトを何羽獲ったかわからない。首藤さん気に入りの猟場

気がつけば僕もスーさんもハト飯をお代わりしていた。首藤さんに悪いからという気持ちも吹き飛んで、最後はもう、ただただ旨いから食べまくったのだ。山の鳥5種のフルコース料理、満喫である。

動けなくなるまで食べた。僕は食べることで手いっぱいだったが、スーさんは酒もけっこう飲んだ。でも心配はいらない。今夜の宿は首藤さんの家なのだ。明日は猟場巡りをして、チャンス次第でシカを狙う予定だ。

ただひとつ目算が狂ったのは、ジビエで温まった身体からも容赦なくエネルギーを奪う山麓地帯の冷え込みを甘く見ていたことだ。普段は使われていない和室は床下からしんしんと冷え込み、満腹のあまり寝つきの悪くなった僕とスーさんは、ふとんの中で身を硬くしながら朝が来るのを待つことになったのだった。

キジバトとヒヨドリの群れ。長時間はジッとしていないので付近で待機して狙い撃つ

箱わなの付近の餌についていたり、林道を走っていると落ちている木の実などの餌を拾っていたりして、クルマが通ると飛び立って近くの木に止まる。キジバトは木に止まっているのを撃つことが多い

ハト飯。宿泊した翌朝、握ってもらったにぎり飯の旨さときたら……。
鳥撃ちハンター諸氏、今期はキジバトを狙うといいですぞ！

なぜ誰も、食べようとしないのだろう「黒い鳥はまずい伝説」の真偽を確かめる

昔から評価の低いカラスとウ

カラスはフランスあたりでは高級食材として扱われているようなのだが、日本での評価は低い。しかも、今に始まったことではないようだ。

戦前、神戸で「西魚善」という料亭を営み、全14巻からなる『日本料理教本』を著した魚谷常吉は、「野鳥料理」の巻でカラスについてこう書いている。

〈味覚の上からカラスを見ると、これは昔から不味の代表として有名である（中略）せいぜい餌の程度で、わざわざ食うほどのものではない〉

ウ（カワウやウミウをひとまとめ）もさんざんだ。

〈肉の味は感心しないまずさであるが、肉のみを油で炒め、甘辛く味つけすれば、なんとか食え

る。だがそれも飢えを凌ぐにたりる程度のもので、好んで求めるにあたらない〉

まずいという評判が定着すれば、誰も食べようとしなくなるのも無理はない。しかし、時代が変われば味覚も変わり、感じ方が違うかもしれない。まずいならまずいで、どのような味なのか確かめてみたいではないか。

そこで、ジビエ班はハンターシェフ（獲物を客に提供する料理人）の首藤正人さんに協力してもらい、ベストと思える方法で調理することにした。また、食べる人間がひとりでは偏りがありすぎるので、ライターの私と『狩猟生活』編集長のスズキが意見をかわす形式を取った。

ではさっそく、前評判の悪さピカ一の黒い不人気狩猟鳥、カラスとカワウの実食レポートをお届けしよう。

＊

カラス編

北尾（以下、北と記す）　カラスにはハシブト、ハシボソ、ミヤマがいますが、今回食べるのは？

首藤（同、首）　ハシブトとハシボソです。ミヤマは九州ではほとんど見かけない。カラスは近寄るとすぐ逃げるので、エアライフルでネックショット。だから、肉の状態はいいはずです。

スズキ（同、ス） 料理人としてはおいしく食べさせたいでしょうが、ジビエ班としては、「なるほど、昔からまずいといわれるだけのことはある」という結果であってもいいと思っています。

北 むしろそれを期待する気持ちがある。ジビエもいろいろだよと。

首 スズキさんからそう言われていたので、シンプルに炭火焼きで食べてもらうことにしました。モモ肉とせせり（クビ）をどうぞ。

ス 赤身だけど、解体の腕がいいこともあってピンクに近い。あと、脂がまったくない。

北 カラスだと思わなければ、普通においしそう。嫌な予感がしない。

首 脂は皮を剝いたせいもあるけど、もともと少ないですね。解体中、嫌な臭いはしませんでした。そろそろいいかな。

北 ではいただきます。お、いい歯ごたえだ。

ス これは……、北尾さん、感想は？

北 残念ながら、旨い旨い（笑）。

首 どれどれ。あ、本当だ。スズキさんは？

ス （無言で頬張りながらガッツポーズ）

北 せせりは歯でこそげ取るように食べたい。酒のつまみに絶好。でも、やっぱりモモ肉が好きかな。強い肉という感じがするわりにクセがなくて食べやすい。

駆除の対象としか見なされないカラスだが、ジビエとして十分イケることがわかった

ス　むしろクセならカモのほうが強いですよね。首藤さんが言うように臭みもない。特別な解体法があるわけではないんですよね？

北　昔の人と違うとしたら、高性能のエアライフルで仕留めたということがある。肉に傷がつかず、血も回らなかったのが大きいのかも。

首　つぎはハシボソです。同じカラスでも違いがあるかどうか確かめましょう。

北　違いなんて……、ありますね。脂がないところは共通だけど、こっちのほうがジューシーだ。まいった、完全にカラスの名誉回復のお手伝いをさせられてる。

ス　外側は歯ごたえがあるけど、内側は軟らかくて食べやすい。高級ジビエですよ。

首　ふたりとも気に入ったということは「カラスは旨い」という結論でいいのかな。

北　異議なし。ではハシブトとハシボソではどちらがいいか。

ス　どちらも好きですが、選べと言われたらボソかな。

北　意見が合ってしまいました。ボソなら自信を持って勧められる。カラスだといわずに食べてもらったら、たいていの人が「おいしい」と褒めます。

首　から揚げもやってみたので試してみてください。

ス　これもイケますね。文句のつけようがない。

北　子どもも喜ぶカラスのから揚げ。

首　カラスそのものを味わうために今日は出さなかったけど、もう1品加えるとしたら夏野菜を使ったカラスの野菜炒めかな。

ス　ブトとボソの違いを味わいながら、モモ焼き、せせり、から揚げに夏野菜炒め。カラスのコース料理を『樂樂』（首藤さんのお店）で出しましょうよ！　カラスなら獲るのはそれほど難しくないだろうし。

北　いくらで提供しますかね。5000円じゃ安いか？

ス　高級ジビエだから1万円はします。それでも希少価値を求めて遠方から客が来ますよ。

首　そうかなあ。

ス　来ます。から揚げ、残り食べちゃってもいいですか。

北　じゃあ、僕はモモ肉をもう少しいただきます。

カワウ編　濃厚な赤身と独特の風味についに意見が割れた

北　カラスをおいしくいただきましたが、こうなることはある程度予想していたのです。日本では低評価でも、海外では定評がありますから。しかし、カワウは低評価を期待できます。

ス　『狩猟生活』という名のハンティング専門誌ですから、嫌われているカワウを食べてみたらそん

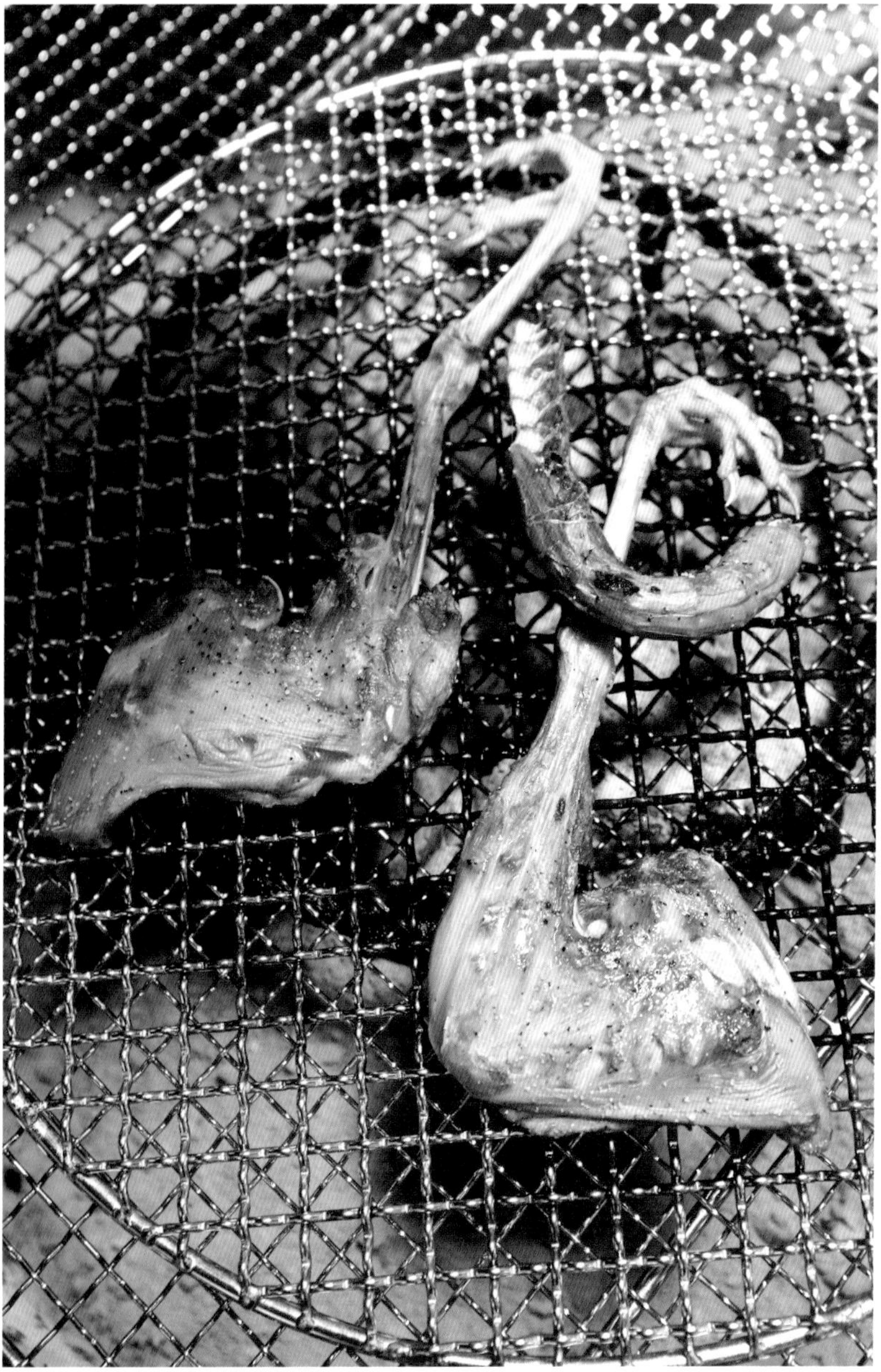

旨そうなモモ肉だが見た目で判断してはならない。解体時もそうだが、まずは異臭がないかどうか。この肉（カラス）はまったくそれがなかったと首藤さん

これはもう間違いのない逸品。 脂身が少ないカラスだからこそ、から揚げに合う。
レモンと塩で食べてみたが、チキンより濃厚で、かすかに甘味を感じた

黙って出されたらカラスとわかる人はいないだろう

なことなかった、駆除だけでなく皆さん一度は食べてみましょうと言いたい気持ちはあります。その一方で、案の定まずかった、悪評は本物でした、と報告するのもジビエ班の務めだと思います。首藤さんの予想はどうでしょう。獲るのに苦労したとか。

首　出会いが少なかったのと、撃てる場所になかなかいなかったんですよ。なんとか獲ったけど、まずデカいよね。肉の色はカラスより赤いね。条件をそろえるため、こちらも炭火焼きでどうぞ。

ス　きれいな赤身肉だ。胸肉なんて、見た目はシカ肉みたいですね。

北　ではお先にモモ焼きを。あれ、これもイケる。硬いといえばそうだけど、ジビエのモモ肉なら許される範囲でしょう……、と思ったけど、うへ、嚙むうちに臭みが出てきた。

首　川の味って感じじゃないですか？

北　そう、まさにそれ。ひと口目は歯ごたえに気を奪われるけど、あとからなんともいえない肉のにおいが口内に広がってくる。ふた口目になると、もはや肉の味どころではなくなる。ちょっと、これ以上は無理だ。

首　解体するときに、においがあるなと思いました。悪臭ではないんだけど、料理人なら「このまま出すと苦手な人がいるだろう」と考えちゃうレベルではある。

北　表面的なツンとした刺激ではなく、肉そのものに含まれたにおいというか。獲った場所とか個体差という可能性は？

カワウは魚を大量に食べるため川漁師から目の敵にされている

首　あまりないと思う。繁殖期でもないから、これがカワウ本来の味だと考えていいでしょう。

北　僕には向かないということかな。

ス　旨いかまずいかで表すとどうなりますか。

北　まずい。うれしそうに言ったらダメですね。カワウ、まずいぞ！

ス　なんか達成感ありますね。初体験物で、テンやウサギ、アナグマ、アライグマなどを食べてきましたが、これまでは全部おいしかった。それが今回、原稿にまずいと書かなきゃならない。

北　その覚悟はもうできてますよ。というのも、時間がたつにつれてますますにおいが鼻についてきたからです。これ以上食べたら気分が悪くなる自信がある。

首　完全に箸が止まったもんね。スズキさんはどうですか？

爆食する編集長。カワウ好きの食欲が止まらない

ス 僕は嫌じゃないですよ。

北 えっ。編集長として、記事をおもしろくしようとしてませんか？

ス いいえ、淡白な味のカラスより好きかもしれない。味に特徴があるから。

北 川の味がするでしょう。

ス そこがイイんですかね。

首 スズキさん、川釣りをするでしょう。

ス そうなんです。カワウの味は、たとえば真夏の多摩川や相模川の中流域や支流で釣れたオイカワやウグイなど小型コイ科魚類の塩焼きの味に似てます。少し泥臭いですが、苦にならないどころか慣れた味。

首 北尾さん、川魚は？

北 海か川かと訊かれたら迷わず海と答えます。

ス それとカワウの肉の味って、以前、食べたことがあるザザムシ（ヒゲナガカワトビケラという名の水生昆虫の幼虫）の佃煮に似てます。長野県の伊那地方の郷土料理なんですが、ザザムシは苔というか川の味がしました。

カワウはとにかく評判が悪い。カラスより身の赤みが強く、とても旨そうなルックスではない。
首藤さんは解体するとき「川のにおいがする」と感じたそうだ

待望のまずさに出会い喜びを隠しきれない北尾だが、スズキはいつまでも食べていた。
焼き枯らしてジャーキーのようになった胸肉がとくにお気に入りのようだった

首　私も釣りをするからわかります。じゃあ、北尾さんはギブアップだから、スズキさんにはカワウのネギマを食べてもらいたい。ネギと相性がいいはずだし、薬味にもなって食欲が増すはず。

ス　ネギマいいですね。肉の味がマイルドになります。カモだけでなく、カワウもネギ背負ってきてほしい。モモ肉も胸肉もそれぞれにおいしいです。焼きすぎてジャーキー風になったところがまた最高！　止まらなくなってきました‼

北　外の空気を吸ってきていいかな。

ス　北尾さん、本当に食べなくていいんですか？

首　ははは、意見が真っぷたつに分かれた。

ス　肉が濃厚なのは、血の味なのかな。臭みより、そっちが気になる。

首　カモがそうであるように、鉄分があるんでしょう。臭みも血の味っぽいのもカワウらしさだと思います。

北　（戻ってきて）スズキさん、そんなに食べて大丈夫ですか？　カラスもぐいぐい食べたのに勢いがまったく落ちないですね。

ス　カワウ、もはや好物になりました。

北　僕はすっかり苦手です。つまり、カワウは食べる人を選ぶ個性派ジビエってことになる。苦手な人は受け付けないけど、好きな人にとってはごちそう。自分はどっちなのか、ハンターは試してみよう。結果はひと口でわかります。

ス　ただ焼くだけだったらそうですね。

北　なるほど、料理人にとって、食べさせがいのある素材ともいえるわけだ。魚谷常吉も〈肉のみを油で炒め、甘辛く味付けすれば、なんとか食える〉と書いている。首藤さんならどうするか。

首　解体中に、これは「まずい」になりそうだと思ったので、ひと工夫してみた。福岡県の郷土料理を応用した、カワウのがめ煮（筑前煮）。ポイントは九州の甘口醤油を使うこと。臭みも抑えられていいアイデアだと思ったんだけど、やってわかった。カワウの肉は煮込んでも軟らかくならない。3日間煮込んでも硬いままで、ホロホロにならなかった。

北　甘味があれば食べられるかも。や、硬いですね。そして、噛むごとに染み出してくる川のにおい。カワウの個性はがめ煮であってもキープされている。

ス　もうあきらめましたね。僕はもちろん平気です。でも、中途半端ではあるかな。炭火焼きのほうがカワウらしさが炸裂していますよね！

北　ありのままのカワウを希望。大ファンの意見だ。

ス　カワウのような鳥こそ特別料理の名にふさわしいから、ぜひ首藤さんの店で取り扱ってほしいです。獲るのが難しく、射撃や解体の腕が悪かったら台無しになる鳥ですから、おひとり様1万円くらいのコースでどうでしょう？　カワウ料理を出すのは九州で、いや日本で唯一かもしれません。

甘く味付けした「がめ煮」は、臭みに配慮した首藤さんの工夫。しかし、北尾には通じずひと口でリタイア

お客さんが飛行機でやってきそう。

北　予約するのに勇気がいるよね。僕みたいな客なら、ひと口食べて「うーん」と黙り込む。

ス　まずいか旨いか両極端になると、あらかじめ謳《うた》っておけばいいのです。

首　大量に残されると料理人としてはつらいなあ……。

北　〈カラスとカワウの黒い鳥コース〉で手を打ちませんか。カラスの旨さにビックリさせておいて、カワウは味見程度に食べてもらいます。スズキさんみたいな人がいたらリピーターになるので、そこでようやくカワウを腹いっぱい食べてもらうんです。

首　……考えさせてもらってもいいかな。

水辺の鳥食べ比べ会開催！カモ5種とアオサギを炭火焼きで味わう

同じカモなのに、まずい種類があるのか？

バンとゴイサギが外されたことにより、狩猟鳥は26種（2024年現在）。そのなかで、大きなグループをつくっているのがカモをはじめとする水鳥たちだ。マガモやカルガモ、コガモあたりはジビエとしてもなじみがあるが、それ以外となると「まずい」という噂しか聞かない。しかし、よく聞くと食べたことのない猟師が多く、先輩からの言い伝えで食べようとしないようだ。

それはどうなんだろう、と本誌ジビエ班（北尾トロ、編集部スズキ）は思うのである。旨いかまずいか、自分の舌で味わったうえで結論を出すべきではないのか。食べてみたら絶品だった、これからは積極的に獲ろうという気持ちになるかもしれない。

そこで、前項の「黒い鳥」に引き続き、大分県在住ハンターシェフ・首藤正人さんに「水辺の鳥」の食べ比べを依頼。マガモ、カルガモ、コガモ以外のカモを首藤さんに獲っていただき、シンプルな炭火焼きでジビエとしての実力を試すことにした。

ちなみに首藤さん、ヒドリガモとハシビロガモは、食べるどころか撃ったこともなかったそうだ。ジビエ人気の高いマガモとカルガモなどを加えることで味の比較がしやすくなるだろう。さらに、狩猟鳥ではないが、有害鳥獣駆除活動で獲ったアオサギを、これも初めて解体し、食べてみることにした。サギ類は川や水田で魚や両生類、昆虫、鳥類まで捕食し、害鳥扱いされがちなうえに狩猟鳥からも外れているので、食べたことのある人はほとんどいないだろう。

＊

北尾（以下、北と記す）　では始めましょう。首藤さん、獲るのが大変だったのはどれですか。

首藤（同、首）アオサギかな。サギはよく見かけますし、大きいから撃つのは難しくないけれど、回収しやすい場所にいなくて、なかなかチャンスがなかった。あとは普段撃たないカモですね。

スズキ（同、ス）　マガモやカルガモっておいしいじゃないですか。コガモの評価も高いでしょう。同じカモで、多少のレベル差やテイストの違いがあるのはわかるとしても、まずいカモっているのかなと前々から不思議に思っていたので、そこを確かめられるのが楽しみです。

堂々の焼き鳥5種。上から時計回りで、カルガモ、コガモ、マガモ、ハシビロガモ、ヒドリガモ。まずいのはどれだ!?

マガモとカルガモの甲乙つけがたい実力

北　カモの味に優劣があるのか？　これが第一のテーマですね。

ス　餌のとり方など違いがあるのはわかるのですが、同じカモ目カモ科で大きな差がつく気がしなくて。首藤さんはどうして食べてこなかったんですか？

首　マガモとカルガモが多くて獲りやすい、肉も多いというのが理由でしょうか。アレはまずいと聞かされることはないけど、マガモがおいしくて、ハンターとしても青首《あおくび》（マガモのオス）獲ったら自慢になるからどうしてもそっちが優先になるかな。カルガモもおいしいです。

北　コガモは日本に生息するカモ類でもっとも小柄。肉が少ないけど、好きな人は「カモ類で最高なのはコガモ」と断言します。フランス料理店でも提供されていますよね。

首　野趣あふれる、いかにもジビエらしい味なので、料理人の腕が鳴るカモなんですよ。では、まずはメジャー3種を食べ比べしましょう。持ってきますね。

ス　マガモ、カルガモ、コガモは読者のなかにも食べたことのある方が多いでしょうから、ヒドリガモやハシビロガモとの比較がイメージしやすくなると思います。

北　お、これはきれいだ。シンプルに焼き鳥で食べる作戦ですね。どういう並びになりますか？

首　肉の大きいのがマガモで、そのつぎがカルガモ、皮が白っぽいのがコガモです。マガモはさすがという感じだけど、カルガモも大きいし負けてない。

北　ネギマにしたのがヒドリガモとハシビロガモですね。

首　こうして見ると見分けがつかないほどそっくりですが、ハシビロガモのほうが肉に締まりがないかな。

ス　解体し慣れている人だから肉質の違いがわかる。だとすれば味も違うかもしれません。期待して良さそうですね。いや、微妙な気持ちかな。

北　みんなが食べないのも当然だと言ってみたい半面、食わず嫌いなだけで本当はおいしいとも言ってみたい。我々は両極端な期待を持ってます。首藤さんの予想はどうですか。

首　さばいていて、明らかに嫌な臭いがしませんでしたからちょっと予想がつかない。でも、ハシビロガモはおいしくないかも。

ス　僕もそこは警戒してます。名前の通りクチバシが広がっていて、水面にクチバシを突っ込んで進みながら餌のプランクトンを採っている。カモは穀物だけを食べていてほしい、雑食より植物食のほうがおいしいという思い込みはありますね。

首　先発の3種が焼けてきました。マガモから始めましょう。

北　僕の場合、マガモはカモ類の王者という先入観があるので、旨い、まずいというよりは、立派な肉だと思ってしまいます。でも、こうして食べると鉄分が多くて、レバーっぽさを感じる風味ですよね。肉汁がたっぷりなのも旨味につながるし、脂がよく乗っていて、ほのかな甘味がありますね。

首　ヘッドショットで仕留めていますから、獲ってから血が回ったのではなく、もともとクセのある味なんです。マガモは〝ザ・カモ〟ってことでいいんじゃないかな。カモ好きは、マガモがナンバーワンだというでしょう。

ス　つぎはカルガモ。似ていますが、マガモほどクセがなくて食べやすいです。脂の乗り、肉汁の旨味のバランスがいい肉。歯ごたえもあって申し分ないです。僕はマガモよりカルガモ派ですね。

北　シーズン中に何羽も食べるとなると、飽きにくいカルガモを選びたいかな。レストランで「カモでございます」と出されるのがマガモで、ハンターが好きになるのがカルガモかもしれない。

首　青首だと高い値段をつけることができるしね（笑）。それはともかく、私に言わせればカルガモの評価が低すぎるってことなんです。とくに焼き鳥はカモ類でも最高級だと思いますよ。

ス　コガモは好き嫌いがありそうですけど、僕は好きです。

北　同じく。以前、青首とコガモが川に並んでいたとき、迷わずコガモを撃ったくらい高く評価しています。味が濃いというのか、スモークしてもおいしいし、コガモには赤身の良さが詰まっていると思います。

1 マガモ（左メス、右オス）
2 カルガモ（上）と
コガモ（左下オス、右下メス）
3 ヒドリガモ（左オス、右メス）

「あえて言葉にするなら……仁丹」ハシビロガモがやってくれた！

ス　さあ、問題のヒドリガモとハシビロガモです。北尾さんから試食してください。
北　何を怖がっているんですか（笑）。
ス　ハイレベルな3種を食べてしまいましたから、これ以上があるとは考えにくいじゃないですか。
北　たしかに、色は悪くないけれど脂が全然乗っていなくて、見た目にもおいしそうではありませんね。では、犠牲的精神を発揮して僕が先発します。まずヒドリガモから。あ、これはきました。
首　きちゃったか。
北　歯ごたえがなく、いったいこれは何の肉だろうと首をひねってしまうような。しかも……あ、これはいけません。なんかにおいます。おふたりの意見も聞かせてください。
首 （少しかじって）ヒドリガモを食べたことのある私の友人が「縁側で乾かしていた雑巾の臭いがする」と言ってたんだけど、その通りだ。
ス 脂も肉汁もなくてきびしいですね。皆さんが食べようとしないのも納得です。
北 カモは皆同じではないと証明されました。ハシビロガモも食べてみます。
ス こっちはどうだろう。
北 旨くはないでしょう。ヒドリガモとの勝負ですね。リスク回避のためネギと一緒に食べてみよう。
ス （不安そうに）何か感想をしゃべってください。
北 これはレバーっぽくはないしクセが少ないのでヒドリガモほど危険性はないと思いますが、かといって旨いかと問われたら首を振るしかないし、お金を払う気にはなれない。僕としては上位3種から大きく離れてハシビロガモ、さらに離れてヒドリガモ。
首 （少しかじって）マガモやカルガモとは比較にならないですね。でも、スズキさんはなんでも食べる人だから感想が違うかな？
ス ……苦手です。言葉にするなら、仁丹の味がしました。
北 仁丹というのは、独特のエグ味があるのかな。
ス こみあげてくる感じですかね。焼き鳥の一片でそうなのだから、とても多くは食べられないです。

順位をつけるなら、ヒドリガモ以下にしたい。

北 ヒドリガモとハシビロガモが、3人そろって低評価。見事、悪いほうの期待に応えてくれました。中途半端な味より、自信を持って「まずかった」と書けるのはいいことです。また、先輩猟師からの言い伝えも正しかったことが証明されたので、今後は見かけても撃つことはなくなりました。

ス 獲った以上は残さず食べるのがハンターの義務ですから、読者諸氏の無駄な殺生を防ぐことにもなりそうですが、じつは個体差でたまたままずい個体に当たってしまったのかもしれませんね。

アオサギのあまりの衝撃に場が静まり返った

首 アオサギを獲ったのは初めてだったけど、大きな鳥ですね。思わずサイズを測ったら、クチバシから足先まで1・25mありましたよ。クチバシだけで14cm、モモから足先までが56cm、ウデは50cm（片ウデ）。

北 体重は？

首 2kg近くありました。ガラも入れて肉が1kg弱。エアじゃ話にならないと思ったので、散弾銃でBBを3発撃って仕留めました。

ス　遠くからでもはっきり見えて大きいのはわかっていたけど、肉もたっぷりなんですね。

首　今日はモモ焼きと胸肉の天ぷらにしてみました。食べたことはないけど、さばいていても臭みなどなく、けっこうイケる気がしますよ。ジビエ感を出すために、足先ごとモモ肉を焼きましょう。

北　ある意味、すごく贅沢な食べ方だ。見た目チェックですけど、鶏肉ほど脂がなくて食べやすそうです。そう思わせておいてヒドリガモとハシビロガモを上回ったら降参するしかない。

ス　あっちはなんとか食べきれたけど、アオサギはボリュームが違う。焼けてきましたか？

首　そろそろいいかな。少なくともまずくて吐き出すことはないと思うから、安心してかぶりついてください。

ス・北　いただきます。（目を見合わせて）旨い！

首　だと思った。弾力はある？

ス　たっぷりあります。しかもジューシーで臭みもなく食べやすい。

北　さっぱりした食感で、足先がなかったら〝高級地鶏〟と言われてもわからないかも。

ス　天ぷらもおいしい。これは全ハンターが意表を突かれる感じなのでは。

北　駆除されても食べられずに捨てられているアオサギも食べよう。

首　ははは。たしかに、それくらいの高級感があるね。サギは昔から「まずい」といわれていたでしょ。きっと、あまりにも旨いので、食べられてしまわないようにウソが広まったんじゃないかな。自分

さんざん食べたあとの〆の一杯。満腹なのに食欲が止まらない

豪快な熊本名物の太平燕アオサギのせ。ガラのスープは満点だし、骨まわりの肉はごちそうなのだと首藤さんに言われてガジガジと食べ尽くした

天ぷらでも食してみた。当然旨いがモモ焼きの圧倒的パワーにはかなわないかも

ダイナミックに食べてみたいとモモ肉のかぶりつきを選択。迫力に押され、こわごわと口にしたらびっくりするくらい旨く、サギはまずいとの言い伝えはデマだと取材班の意見が一致

もそれを信じていたけれど、こんなに旨いとなると、騙された感じがするね、

北　サギだけに。

ス　首藤さんの店の特別メニューで出したらどうですか。クドいようですが、コース料理でおひとり様1万円なら全国からマニアがやってくると思いますよ。

首　ええ〜そうかなあ。

ス　来ます（断言）。

北　マニア向けにもうひとつ、ヒドリガモ＆ハシビロガモのまずさを知っているかコースもつくりましょう。焼き鳥1本ずつ食べてもらい、そのあとからマガモやカルガモをたっぷり食べてもらいます。物珍しさから飛行機に乗って客が。

ス　それも来ますね。

首　それはともかく、〆の麺類を用意してます。九州名物の組み合わせでアオサギ太平燕《タイピーエン》。クセがないから合いそうだなと思ったんだけど、どうでしょう。

北　満腹なのにするする入ります。アオサギには完全に一本取られました。

ス　以下同文。降参です。おかげでハシビロガモショックを忘れられそうです（笑）。

ホシハジロの焼き鳥が予想外の高評価だった

ハンターの間で評判が悪いといえばカモ科のハジロ類もそうである。カモ類は、生息する場所や食性などの違いからハンターの間では海ガモと陸ガモに分類されている。狩猟鳥のなかでの海ガモは、ホシハジロ、キンクロハジロ、スズガモ、クロガモの4種。海域のみで生息するわけではなく、湖水や河川でも見受けられる。潜水して主に甲殻類や貝類などの動物を食べることからハンター間での味の評価は低く「生臭い」と決めつけられがちなようだが、実際に食べたことのある人は多くないのではないだろうか。マガモやカルガモなどの陸ガモに関する噂は当たっていたがハジロはどうなのだろうと、ホシハジロで確認することにした。冷凍して半年経過した1羽をジビエ班が食べるだけなので（個体差もあると考えられる）、あくまでも北尾とスズキの感想としてお読みいただければ幸いだ。

前置きしたのは、旨かったからである。蒸し焼きにしてふっくら仕上げた点を差し引いても、臭みやクセが一切なく、塩コショウのみでおいしく食べることができた。北尾はヒドリガモ、スズキはハシビロガモの苦い記憶を呼び覚まされることもなく、口をそろえて絶賛してしまったのだ。コクがあるとか、噛めば噛むほど旨味が出るものではないので、食べ方としては今回のような焼き鳥がおすすめだ。

処理が楽であることもおすすめポイント。身が少ないため食べ応えはないものの、さほど脂が乗っていないので皮ごと剥いてしまえば羽を取る必要がない（もちろん、ていねいに行ってもいい）。きれいな赤身で見た目も悪くない。クセがなさすぎてジビエっぽさを感じにくい点が、食通にはやや物足りない点かもしれないが、だからこそ一般的に歓迎されやすい味とも言える。たまにはカモではなくハジロを獲って帰り、さっと焼き鳥にしてあげたら家族に喜ばれそうだ。

他のハジロ類はわからないが、ホシハジロは発見しやすく、のんびりした性格なのかマガモやカルガモほど警戒心が強くないので、エアライフルで狙いやすい。北尾もこれまでは「なぁんだホシハジロか」と撃たずにきたのだが、今回の焼き鳥で考えが変わってしまった。

ホシハジロ

うまく焼くコツは、蒸し焼きにすること。焼き餃子の要領で少量の水を加えると、肉がふっくらした仕上がりになる

品の良いスープ
エゾライチョウの参鶏湯

本州のライチョウよりヤマドリに近いエゾライチョウ

「エゾライチョウの剝製をつくるので、肉が欲しければあげるよ」

ハンターの友人からうれしい連絡がきた。

エゾライチョウは北海道に生息する狩猟鳥で、信州など本州の高山域に生息する非狩猟鳥のライチョウとは別種のもの。キジ目キジ科の留鳥で、羽の色は褐色で複雑な模様を持つ。名前は似ているが、ライチョウのように冬場に白っぽく変わることはない。ヤマドリの生息しない北海道では、エゾライチョウをヤマドリと呼ぶこともあるという。

長い距離をあまり飛ばない点や、生息場所が平地から山地の林で、林道などに出てきたところが狙いどころというのもヤマドリを思わせる。となれば、獲るのはけっして簡単ではないだろう。北海道で狩猟をしたことのない僕は、姿を見たことさえなかった。

届いた肉は骨付きの胴体（足は除かれていた）。エゾライチョウは全長40㎝程度、大柄ではないと聞いていたが、キジやヤマドリと比べるとひとまわり以上小さく感じられる。色は鶏に似た薄ピンク。剝製にする工程で取られたのか、皮は残っていなかったが、生息地を考えても脂が乗っていたと考えられる。

その点は残念だが、見るからに肉質が良さそうだ。外見や特徴が似ているだけではなく、味も狩猟鳥ナンバーワンの呼び声高きヤマドリ風だとしたら大いに期待ができる。

ヤマドリは売買禁止鳥で、レストランで食べることができないことから〝ハンターだけが旨さを知っている鳥〟である。食べるときは、焼き鳥か鍋にするのが定番だ。焼き鳥はジューシーな肉を楽しみ、鍋は骨から出るダシや脂が乗った皮の旨味を活かした、上品でコクのあるスープが決め手となる。そして、〆の雑炊はジビエの逸品とたたえるにふさわしい。

今回のエゾライチョウは骨と肉だけなので、焼き鳥より鍋に向いているだろう。関東在住者にとって、そうそう食べられるチャンスはないので、記憶に残る料理に挑戦したい。

完成したエゾライチョウの剝製。まるで生きているようだ

参鶏湯にすれば鶏以上に旨いのでは

ヤマドリ鍋と同じ食し方では芸がないし、脂がない分、コクが出にくいだろう。それでも鍋が捨てがたいのは、ヤマドリ系の味なら骨からのダシもいいはずだからだ。シンプルだけど、出汁と肉の旨味を味わえるのはどんな鍋かと考え、参鶏湯《サムゲタン》はどうかと思いついた。参鶏湯は、ひな鳥の腹にもち米や朝鮮人参、ナツメ、生姜やニンニク、クコの実を詰めて水炊きする韓国の伝統的な薬膳料理。ひな鳥の代わりにエゾライチョウを使い、参鶏湯をアレンジした鍋に仕立ててみよう。エゾライチョウがヤマドリ並みの旨味を持つとすれば、皮の脂身がなくてもさっぱりしつつコクもあるスープと絶品雑炊が食べられるのではないだろうか。

剝製に使用された個体の肉だけに、腹部には傷ひとつなくきれいな状態。取り除かれた内臓のあった部分に、もち米とニンニク、ナツメなどを詰め込み、ネギの青いところとタマネギを鍋に沈める。本格的なスープはつくれそうにないので、手抜きをして市販の参鶏湯の素に応援を要請することにした。

そこに追加で塩麴と生姜のすりおろし、清酒を足し、圧力鍋で15分間煮込む。レシピによっては圧力鍋で12分とも書いてあり、煮込みすぎると肉が硬くなるのをキジなどで体験しているので迷ったのだが、骨からの旨味を引き出したくて少し長めにタイマーセットした。

わかったようなことを書いているが、参鶏湯をつくるのは初めてで、食べるのも年に一度か二度である。自信はないのだ。でも、エゾライチョウの薄ピンクに輝く引き締まった肉を見たら、どう食べても旨いのでは、という気がする。もう味付けも済んで鍋の内部の圧力は高まる一方なのだから後へは引けない。ジビエ慣れしている家族も、未体験のエゾライチョウとあって期待しているようだ。

絶品のダシが染み出して雑炊まで一気に平らげた

タイマーの音が15分経過を告げ、圧力が下がるのを待って蓋を取ると、中央にエゾライチョウのこんもりした肉があった。腹に詰めたもち米が少々こぼれているのはご愛敬だ。

圧力鍋から別の鍋にスープごと移し、腹を上にして肉をほぐそうとしたが、そこまで軟らかくはなっておらず、ナイフを使わなければならなかった。何が正解かはわからないのだが、ジビエは煮込むほど肉が軟らかくなるとは限らず、ある程度は歯ごたえも欲しいので、まずまずの結果ではないかと思う。

硬さや食感をより多く感じたくて、肉をやや大きめに切って器に取り分けた。スープをひと口飲んでみると、深みのある味になっている。つくる前にスープの素を舐めてみたのだが、生姜が味を引き締め、塩麹が全体をまろやかに包み、骨から出たエキスがいい仕事をして、数段レベルアップしていた。

僕の自作料理には辛口の評価をしがちな家族も、このスープは気に入った模様。クコの実やナツメの自然な甘さも、味を一層複雑なものにして、全員が食レポに挑むような顔つきになってきた。

カンジンの肉はどうか。

「おいしい。たしかにヤマドリを思い出させる風味。しなやかな弾力があるね」

妻が言えば、娘も頬を緩める。

「ジューシーでパサパサしていないのがいい」

もち米との相性もいいようで、スープにとろみが加わって絶妙な味わいだ。

こうして、大きいとは言えなかったエゾライチョウの肉は、瞬く間に3人の胃袋に収まってしまったのだが、楽しみはまだある。残ったスープを使った贅沢な雑炊だ。

ヤマドリ、キジ、カモを鍋物にするときは、我が家では必ず雑炊をつくる。おいしいのはもちろんだが、こうすることでスープを一滴残らず平らげることができるからだ。

こうして大成功に終わったエゾライチョウの参鶏湯。生姜やニンニクを多く使うので身体が温まり、健康にも良さそうである。

次回はヤマドリを丸ごと使って、エゾライチョウを超える逸品をつくってみたい。

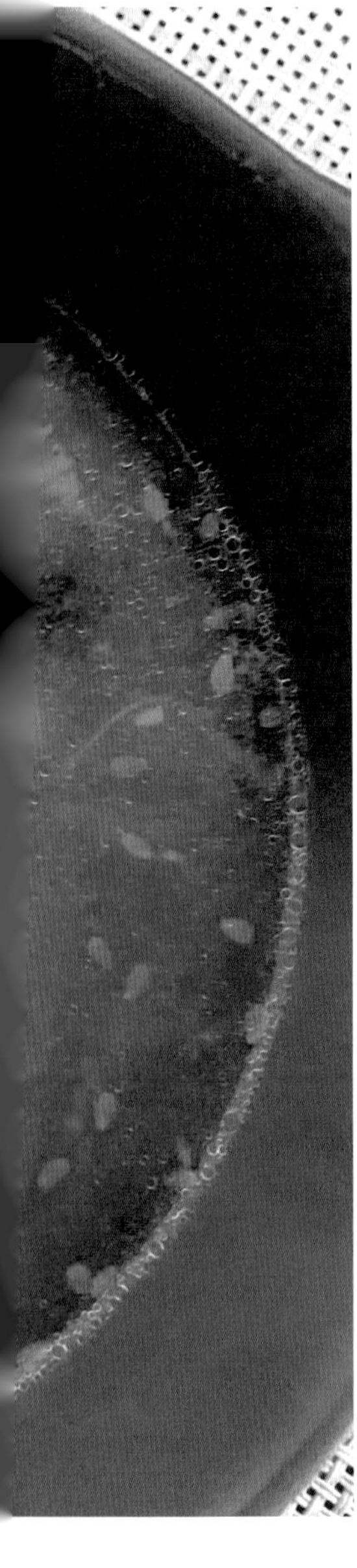

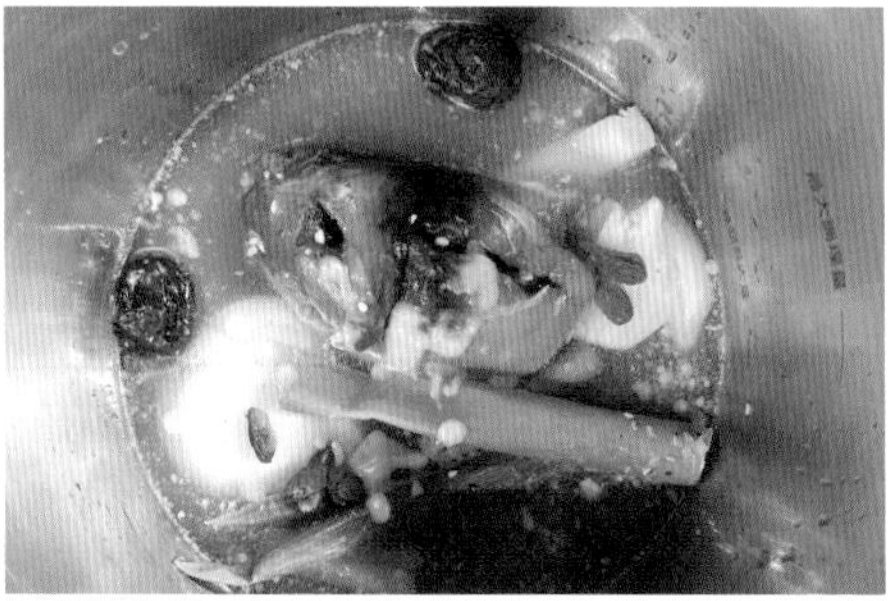

ネギやナツメなどと一緒に煮込むことでスープがより複雑な味になっていく

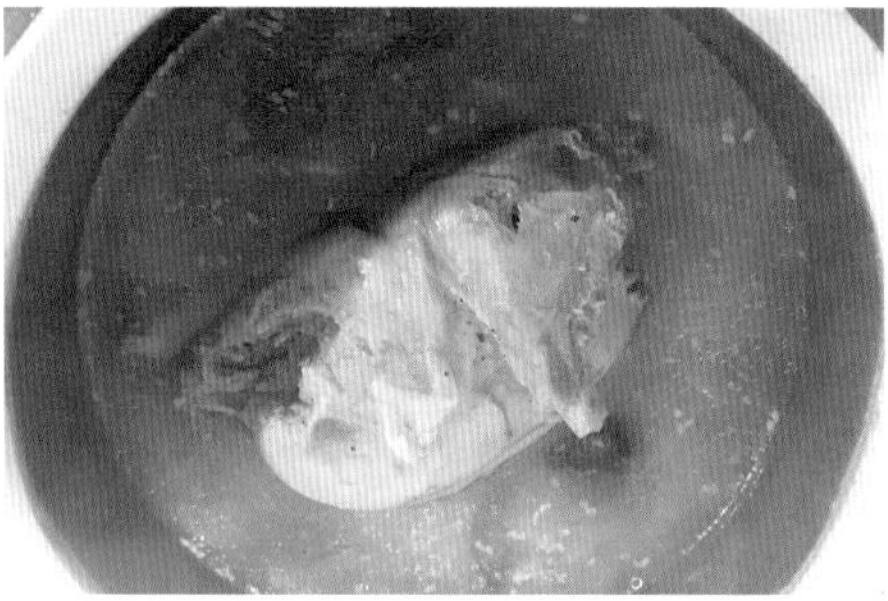

ほんのりピンク色のエゾライチョウの肉。
見た瞬間に「これはおいしいはず」と確信

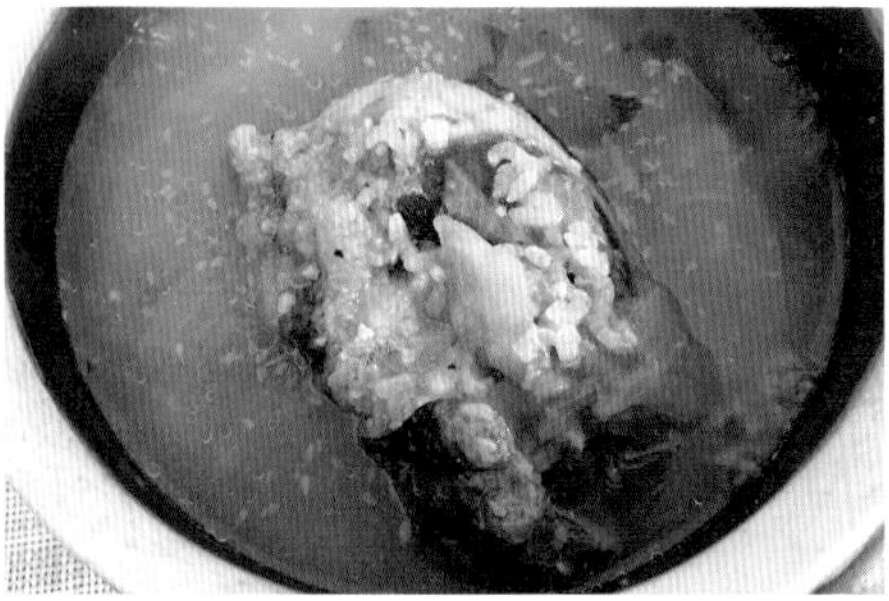

圧力鍋で 15 分煮込んだ直後。
世にも珍しいエゾライチョウの参鶏湯だ

もち米のとろみとかすかな甘味がスープに溶け込む。肉は淡白だが旨味がしっかりあった

COLUMN

猟師飯

ジビエをもっとも多く食べているのはハンターである。大物ハンターはイノシシ、シカ、クマ。鳥撃ちハンターはカモ、キジ、ヤマドリなどだ。大物猟と鳥猟の両方を行う人も多く、そうでなくてもハンター間では肉のやり取りもひんぱんなので、だいたいこのあたりのジビエを食べているといっていい。

獲った獲物を解体し、みんなで食べる料理を〝猟師飯〟とするなら、食べ方の定番は、焼き肉（シカ、イノシシ、クマ）か汁物（イノシシ、クマ）で決まりだ。鳥撃ちの場合はその場で食べることが少ない。

ベテランに話を聞くと、昔は獲った獲物を肴にみんなで一杯やるのが楽しみだったと口をそろえる。解体しながら打ち上げの準備も同時に進め、「お疲れさまでした」と乾杯するのが常だったようだ。そういうときは手軽にできて大勢で食べられる焼き肉になる。

現在では、クルマで集まるため解体場所で飲むことはほとんど見受けられなくなったが、焼き肉の伝統は生きている。バーベキューなんて言い方は誰もしないけれど、屋外で豪快に肉を焼いて食べるのはいかにもハンターらしい。

仲間が集まる場所（小屋など）を持っているところでは、大鍋にシシ汁をつくっておき、出猟前に食べたり、猟の後で冷えた体を温めたりもする。野菜やキノコ類も、メンバーがつくったものや山で採ってきたもので賄っていたりするからだ。ダシが効いていて格別の味なのだが、彼らにとってはいつもの朝ごはん。新鮮なジビエを、ごく普通の食べ物として楽しんでいる。

そんな彼らも、狩猟中の食事はかわいい。早朝から山に入ることが多いため、弁当やおにぎり持参（自分でつくる）だったり、コンビニでパンを買ってきたり、短時間で空腹を満たすことが最優先の昼食になりがちだ。現場では食事に時間をかける余裕も意味もないし、どこかで食事をしようにも銃を持って入店するのははばかられる。コンビニだって同様だ。

だが、弁当やおにぎりには弱点がある。寒さで冷え切ってしまいがちなことだ。そんなときの奥の手としてハンターにこよなく愛されているのがカップ麺。身体が温まり、塩分補給ができ、冷えたおにぎりなども一緒に食べられ本当に助かる。

山中ではカップ麺のエネルギーで体力を維持し、山を下りたら解体直後の新鮮な肉を食らう。ギャップの激しいこの組み合わせこそ、ハンターだけが知る最高の〝猟師飯〟かもしれない。

当日獲れたシカやイノシシのハツやレバー、タンなどを鉄板焼きに。猟隊全員で食べて、その日の猟を振り返る

ツキノワグマの首肉は硬くて焼き肉には向かないが、長時間ゆでるとホロホロの軟らかい肉になる

イノシシのバラ肉を炭火焼きにして豪快に食べる

大鍋につくられたシシ汁。巻き狩りの下山後に温かい汁はうれしい

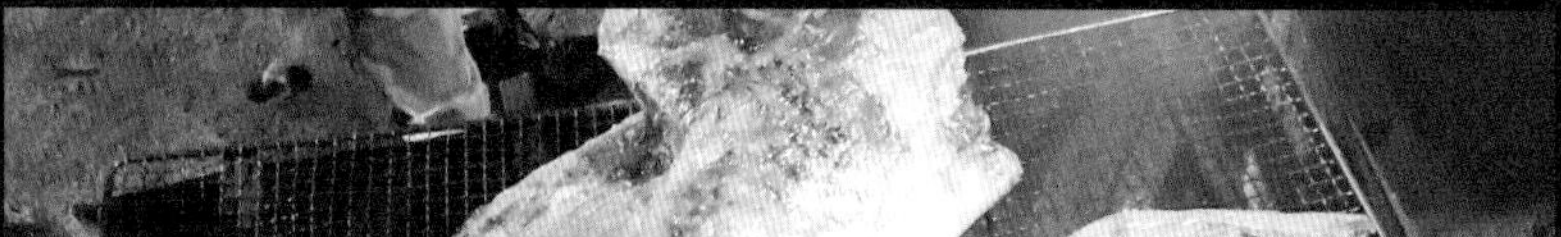

小さなイノシシは背割りにして、炭火焼きに。表面の焼けたところから削ぎながら食べていく

大勢で楽しみたいシカのしゃぶしゃぶ

シカ肉の良さをわかってもらいたい

ジビエ好きの女性にはシカ肉のファンが多いのに、ハンターの大半はシカよりイノシシの肉が好きだ。狩猟の現場では「シカは撃つなよ（イノシシに逃げられるから）」と冷たくされていたりする。しかし、私はこの傾向に異を唱えたいのだ。タイプが違うだけで、イノシシも素晴らしいが、シカだって負けてはいない。ハンターが好む焼き肉や汁物では味にパンチのあるイノシシに分があるとしても、バリエーションの豊富さではむしろシカが上だと思う。

シカ肉のいい点は、クセのなさと脂身の少なさだろう（エゾシカはより脂が乗っている）。おそらく、シカが苦手という人は少ないのではないか。柔らかな肉は切りやすく、叩いてひき肉にすることもたやすい。調理がしやすいのは、〝家でジビエを楽しみたい派〟にとって大きなメリットだ。

淡白な赤身はさまざまな料理法が可能で各種ソースとも合う。また、低カロリーで胃にもたれないので量も食べられる。こってりしたソースでイノシシ肉を食べたらもたれてしまうが、シカなら大丈夫。チキンくらいの感覚で食べることができる。熟成させれば淡白なシカ肉に旨味が増すといわれるが、普通に食べてもまったく問題はない。

臭みがなく肉質も柔らかいため野性味に欠けるという人もいるが、主張しすぎない食べやすさがシカ肉の長所。嚙むうちに風味があふれてくる奥ゆかしい旨味は、ステーキにするとよくわかる。

和風にも洋風にも対応できる強みもあって、バルサミコソースのステーキもおいしいし、軽くローストした背ロースを生姜醬油で食べるのも絶品。シカ肉でもっともおいしい部位は背ロースとされ、ハンターたちも背ロースだけは持ち帰ろうとする。

一般的になじみがあるのはシカカレーだろうか。駆除活動に力を入れている地域の道の駅で、食堂のメニューになっていたり、レトルト商品が販売されているのを見かけた人もいるだろう。シカ肉の淡白さをカレーが補い、老若男女問わず愛されるメニューだ。ただ、個人的にはカレーが全面に出すぎるので、なんだかもったいない気がしてしまう。

ひき肉もいい。ハンバーガーやコロッケとよく合い、大手チェーンのメニューに入っていたりもする。いまのところは実験的試みという感じで期間限定販売のところが多いが、売れ行き次第では定着することも十分あり得る。シカはジビエのなかでもっとも生産量が多く、供給量を確保しやすい。たくさん食べてもらえれば駆除→解体・加工→販売の仕組みがうまく機能するようになり、野生動物の利活用にもつながるので、シカ肉にかかる期待は大きい。需要が増え、生産量がアップし

本命がイノシシのハンターには出てもスルーされがちなシカだが、その肉はあっさりしていてとてもおいしい

たら、もう少し手軽に買える値段になってほしい。さらに揚げ物もイケる。ジビエ料理店に行くと「シカカツ」があったりするが、チキンカツが旨いのだから当然シカカツだって旨いのだ。見事にサクッと揚がるので、料理の腕前が上がったと錯覚してしまいそうになるほどだ。

これらのことから導き出されるのは以下のようなことである。

〈調理しやすくて味もいい、シカ肉料理に外れなし〉

とにかく好きな調理法で食べてもらえればいいということだから、プロの料理人でもない私がとやかく言うことは何もないと考えていた。

半冷凍のシカ肉をできるだけ薄く切る

だが、そうは言っていられなくなった。知り合いのハンターから耳寄りな情報が入ったのだ。その人はシカに肩入れしているわけではないが、イノシシ以上に獲れてしまうので、さまざまな食べ方を試して、一番おいしく食べる方法にたどり着いたという。

「しゃぶしゃぶこそ、シカ肉料理の最高峰だと思う。冷凍して薄くスライスした肉を、さっと湯に通して食べる。肉があっさりしているので飽きない。つゆはポン酢が無難かな。でも、好みで工夫してみるのもいいと思う」

これには意表を突かれた。シカ肉を食べる機会は多いのだが、だいたいはローストか、ひき肉にして使うか、カレーにするからだ。シカで鍋など考えたことがなく、しゃぶしゃぶなんて思いつきもしなかった。だが、シカのしゃぶしゃぶは近年、ハンター間でじわじわと流行ってきているとのこと。脂身がないところが、しゃぶしゃぶの場合は逆にいいらしい。

「コツは半解凍してからスライスすること。あと、牛肉もそうだけど、しゃぶしゃぶしすぎると肉が硬くなるからさっと泳がせて食べる」

イノシシと比べたらシカなんて、と言っていても、ハンターにはせっかく獲った肉を少しでもおいしく食べたい気持ちがある。それだけに〝しゃぶしゃぶ旨い説〟は信用できると思った。通常の鍋に使う材料でつくることができ、長時間煮込んだり、スパイスを駆使して複雑な味に仕立てるなど、面倒なことをせずに済む点もズボラな人間にはありがたい。

さっそくやってみた。スライサーを持っていなくても、ていねいに薄く切れば大丈夫と言われていたので、冷凍後に冷蔵で半解凍したものを肉切包丁で切って皿に盛り付けてみた。新鮮なシカの赤身は鮪のように色鮮やかで美しく、これぞジビエだと気分が高まってくる。

準備はこれだけ。あとは好きな野菜や豆腐があればいい。薬味はゆずコショウ、唐辛子、生姜、ニンニクなどお好みで。

見栄えの良さは期待の高まりに結び付き、食べ始める前の家族の盛り上がりは最高潮。肉が豊富なら大勢で食べられるので、シカしゃぶしゃぶはパーティー向きの料理でもある。シカ肉を手に入れたけれど、どう食べたらいいか迷う人、手間や時間をかけずに食べたい人も、しゃぶしゃぶなら最速でシカのおいしさを知ることができる。

ただ、ひとつだけ問題が。料理の素人が均一の薄さでスライスするのは案外難しいということだ。当たり前だが、キュウリやタマネギを切るようにはいかない。不器用なせいかもしれないが、厚さがバラバラになりがちで、向こうが透けて見えるほど薄く切れたのはほんの一部。慣れの問題なので回数を重ねれば上達すると思うが、ジビエ大好きという人にはスライサーの入手をおすすめしたい（イノシシ肉でぼたん鍋も楽しめる）。

味付けは間違いのないところでポン酢にしてみた。結果は想像通りで、薄く切れた肉は旨く、厚い肉は硬くて食べづらくなってしまった。薄い肉を100点満点とするなら、厚い肉は70点くらいの採点にしたい。火に入れる時間が長くなる分、肉が硬くなりがちだ。これは牛肉でも同じだろう。食感も薄いほうがはるかに良いので、できれば1～2㎜の薄さにしたい。

脂が多い牛や豚のしゃぶしゃぶは食べているうちに飽きてしまいがちだが、さっぱりしたシカならもたれる心配もなく、ヘルシーな肉だということが実感できると思う。

半解凍で薄く切れれば成功したも同然。いかにもヘルシーなシカのしゃぶしゃぶはいずれ流行するかもしれない

湯にくぐらせる時間は食べ頃まで 10 秒以内。3 枚やればコツはつかめる

ほっぺたが落ちる旨さ!? イノシシの頬肉赤ワイン煮

見過ごされがちな部位を食べてみた

イノシシの解体を取材していたら、獲物の顔にナイフを入れているハンターがいた。何をしているのかと思ったら、僕のために頬肉を取っているという。

「少ししか肉が取れないから猟師はあまり食べようとしないけど、おいしいから持って帰りな。頬肉は咀嚼する筋肉があって硬いから、よく煮込んで食べてね」

どんな食べ心地なのか興味深い。いただいた肉をとりあえず冷凍し、どう食べるかを考えてみた。やはり、頬肉と言えば王道は煮込み料理だろう。代表的なメニューは牛の頬肉のワイン煮で、レストランで食べたらいい値段がついている。

カシラやツラミとも呼ばれる牛の頬肉は1頭から1kgほどしか取れず、希少部位とされる。今回

命をありがたくいただく精神で頬肉も無駄にはしない

いただいたイノシシ（中型のメスで推定体重30〜40kg）の頬肉はわずか250gしかないから、希少性は数倍高い。ハツやレバーよりも食べられる率は低いかもしれない。ハンターの好物である焼き肉やシシ汁には向かない部位だからでもあるだろう。

さて、牛の頬肉の赤ワイン煮を参考にイノシシ版をつくることにした。レシピはさまざまあるが、かなり複雑。解凍して赤ワインに漬け込み小麦粉をまぶす、野菜を炒めて肉に使ったワインで軽く煮るなどしてホールトマトと肉も合わせる。それを長時間かけて肉が軟らかくなるまで煮込み、ハーブやスパイスなどで味付けして完成だ。圧力鍋があったからよかったものの、なければ3、4時間はかかる。

素人なりに真剣につくり、家族にふるまうと予想以上に好評。とりわけ肉の食感がおもしろかった。煮込んでもギュッと締まった筋肉の質感が残っていて、少量でも食べ応えがあり、ロースやモモ肉など、他の部位とはまったく印象が違う。もちろん牛の頬肉とも異なる。もう少していねいに、いったんつくってひと晩寝かせ、再度圧力鍋で煮込んだりすれば、さらに軟らかなホロホロの肉になりそうだ。

「イノシシ　頬肉　通販」で検索しても発見しづらいほど市場に出回らないジビエだが、おそらくそれは味の問題ではなく、流通に乗るほどの量を確保するのが難しいから。ジビエレストランで見かけることがあったら、オーダーして探求心を満たしてみよう。

両頬で 250g ほど。2 人前というところ

イノシシを食べ慣れた人も、独特の食感に驚くだろう

シカVSイノシシ ハツとレバーを食べ比べてみた

内臓系が市場に出回らない理由

シカやイノシシの肉を食べたことがあっても、レバーやハツとなると未経験の人が大半だろう。加工処理施設で製品化されるのはほとんどが肉で、内臓系が市場に出回ることは極端に少ないからだ。

しかし、ハンターにはレバーやハツを好んで持ち帰る人もいる。先入観から臭みがありそうだと思っていたのだが、彼らはそれを否定する。問題なく解体処理された新鮮なレバーやハツは絶品で、嫌なにおいなどしない。悪いイメージは、現在ほど加工処理技術が発達していない時代に、傷んだ肉を食べたときの印象が広まったのではないか、というのだ。

十分あり得る。というのも、定食屋などでレバニラ炒めを頼むとき、なんともいえない臭みを感じることがあるからだ。私自身、学生時代にまずいレバーに何度か出会ってしまったために、苦手意識を持つようになってしまった。

やっと食べられるようになったのは数年前。「騙されたと思って食べてみて」と言われて恐る恐る頬張ったレバーが抜群に旨かったのだ。苦さがなくプリプリしていて、これが本来の味なのだとようやくわかったのである。

専用の冷凍庫を持つハンターが増えたいま、ジビエの鮮度に昔のような不安はない。狩猟シーズンがおもに冬季だと思えばなおさらだ。

ネックとなるのは解体だろう。肉もそうだが、内臓も、興奮して血が回った状態で仕留められた個体は味が落ちる。加工処理施設であれば、そういう肉は出荷するレベルにないとされるが、個人で獲った獲物の場合はチェックが緩くなることもある。

それでも、レバーやハツを食べようとするハンターは解体にも気を使う人が多いことを考えると、質の悪いものに出会う確率は低いといっていいだろう。

ということで、さっそく検証に入ろう。シカとイノシシのハツとレバーを同時に入手できたので、両者の違いを食べ比べてみたい。

イノシシのハツ（右）とレバー

ハツ編

前日に獲って解体した個体のハツを、食べやすいサイズにぶつ切りし、味の特徴がわかりやすいよう塩コショウのみの味付けで焼いてみた。

●シカ　コリッとした歯触りでスッと噛み切れる。シカらしく味は淡白で食べやすいが個性的ではなく、あまりジビエを食べている気がしない。どちらかといえば前菜向き。野菜のマリネなどと合わせるとおもしろいと思った。

●イノシシ　コリッとしている点は同じだが、シカより弾力があり、噛むとジュワッと旨味が広がる。味もやや濃厚で、ハツなのにジューシー。酒のつまみにもってこい。

調理は楽だが、水洗いは入念に行い、比較的薄く切ると食べやすい

ごはんが進むことうけあいのレバニラ炒め。食べすぎに注意！

レバー編

レバニラ炒めで比較する。レバーはハツより少し大きめにカット。野菜はニラとモヤシ。味付けは塩コショウ、醤油、酒。片栗粉をまぶして多めの油で焼くレシピが主流だが、今回はそのまま焼いてみた。

ハツも同様だが、成功の秘訣は入念な血抜き。よく洗っておくのはもちろんだが、解体時もしくは入手した段階で表面に包丁を入れておくと血抜きしやすい。一般的な豚のレバーでは牛乳に漬けて臭みを取るなどのレシピもあるが、鮮度がいいのでその必要は感じず、血抜きだけしっかり行って調理した。

●シカ　やはりここでもシカはあっさり食べられる。クセもないので、レバーが苦手な人でも意外に食べられそうだ。パンチ不足の感は否めないが、それを逆手に取って、ニラではなく普通の野菜炒めに使ったら、いい働きをしてくれるのではないだろうか。

●イノシシ　普段食べているレバニラを、もうひとまわりパワーアップしたような仕上がりで、プリプリとした食感も楽しめる逸品になった。イノシシ料理では焼き肉やシシ汁、ぼたん鍋が有名だが、レバーももっと評価されていい。

シカ挽回編

ハツやレバーは、しっかりした歯ごたえと、噛むごとに広がる旨味が勝負どころ。これに関してはイノシシの得意分野であり、シカも悪くないけどイノシシにはかなわない、という結論になった。家族の反応もほぼ同じ。肉はシカのほうが好きなのに、ハツとレバーではイノシシに軍配が上がると言い切った。

だが、シカ派にも言い分がある。種目が不利だったのではないか。シンプルであればあるほど、濃厚さや力強さがセールスポイントであるイノシシに有利なのだ。また、レバニラ炒めは本来、豚のレバーを使う料理なので、豚のルーツであるイノシシが勝るのは当然でもある。

そこでシカにもワンチャンス与えようと思い、名誉回復メニューを考えた。それが、シカのレバーを使ったパスタだ（どう考えてもイノシシには向いていなさそうなのでシカのみで試した）。鶏レバーのパスタがあるならシカも期待できる。

タマネギ、ニンジン、セロリなどをみじん切りして炒め、1cm程度に小さく切ったレバー、赤ワイン、トマトピューレ、牛乳少々でソースをつくって完成。味見段階から臭みやねっとり感がないのはわかっていたが、大人のパスタという出来上がりになった。シカ肉を使うパスタではボロネーゼも相当いいが、こちらも負けていないので、レバーに偏見を持つ人こそつくってみてほしいと思う。

レバーを塩コショウ、オリーブオイルで軽く焼いておき、トマトソースに絡めれば完成。
食欲増進のジビエパスタだ

タンはジビエの優等生

なぜ誰もタンに注目しないのだろう

タンの魅力に気づかされたのは狩猟を初めて数年後のことだった。長野県飯田市の『肉のスズキヤ』を訪れたとき、冷凍庫をのぞくと「シカタン」「クマタン」と書かれた肉があり、何だろうと手に取り、ラベルをよく見てのけぞった。

牛タンは焼き肉屋でもおなじみの人気メニューであり、煮込み料理（シチューなど）として世界各国で食べられているから、タンが販売されていることに驚きはない。あまりにも安いのだ。牛タンは希少部位として高いのに、シカ200円、クマ400円（いずれも当時の価格で現在とは異なる）となっていた。ほかのシカ肉は高い。クマはもっと高い。それなのにタンはこんなに安い。

普通に考えて、シカタン、クマタンは需要が少ないということになる。買う人がいないから廉価販売せざるを得ないのだろう。

思い返してみれば、ハンターから肉をいただくことはあってもタンをプレゼントされたことはない。それどころか、タンについてハンターが語るのを聞いたことがない。処理に手間のかかる内臓もきちんと処理して食べるハンターは少なくないのに、どうしてタンは食べないのだろうか。取り出すときに多少手がかかるとか、だらんと長い（たとえばシカは、舌の根元まで取り出すと数十センチある）のがグロテスクに思えるのだろうか。

それとも単純にまずいのか。牛のタンだけ例外的においしいのか。確かめてみようと購入してみた。

我が家では炭火焼きもできないので、某焼き鳥店の大将に炭火焼きしてもらうことにした。串に刺して焼き鳥風にしたのだが、シカもクマも歯ごたえと弾力があって申し分ないと、大将からもお褒めの言葉をいただいた。

どうやら、ハンターがタンを食べようとしないのは、処理が面倒だと思われているか、食べる習慣がそもそもないからのようだ。

そのため、取材で解体に立ち会うときに「捨てちゃうならタンをいただけませんか」とお願いすると、どの狩猟グループも快くプレゼントしてくれる。その方法で多くのタンを食べ比べ、家族にも食べてもらって感想を聞いた『狩猟生活』鈴木編集長の結論は、「タンにまずいタンなし」。処理に関しても、牛タンの皮は剥いて食べるのが普通だが、シカなどは皮付きでも食べられるので、よく洗い、切って焼けばいい。編集長は食感が複雑になるのが好みなので、汚れがひどくない限りは剝かずに食べることがあるという。

タンの下処理は簡単だ。野生のシカやイノシシなどの舌の表面に付いた汚れなどをまずは流水で流すが、表面に細かな凹凸がある舌に入り込んだ汚れはきれいに取れないので、そのときは薄皮を剝いたほうが衛生的だろう。薄皮は、熱湯に5〜10秒程度さっと舌全体を浸けて、そのあと冷水で粗熱を取ってから作業すると剝きやすくなる。うまく剝けないのは、熱を入れすぎている場合が多いので注意しよう。

＊

タンの味は野生動物によってどれほど違うのか、ある企画でシカ、イノシシ、ツキノワグマ、アライグマ、アナグマ、キョンを食べ比べをしてみた。当日はクイズ形式。同サイズに切って焼いたものを順番に食べた。

僕にはどれがどの動物のタンか区別がつかなかったのだが、ベテラン猟師たちは全員クマを的中。肉同様に独特のにおいがあるとのことだ。キョンというレアな動物がいたために全問正解者は出なかったが、僕以外の人はおおよその見当がついたようで、そのことはシカやイノシシを食べ慣れていれば、タンもその味の系統にあることを示している。

ちなみに、どのタンも味の評価は高かった。シカやイノシシも何ら問題なく食べられたし、シカの仲間であるキョンもまずいはずがない。それも道理、肉が旨いのにタンだけまずいということは

タンは先端、中ほど、元（つけ根）で味わいが異なる。タン元〜タン中はかすかに甘味があって焼いて食べやすく、タン先はやや歯ごたえがある

考えにくいのである。

焼いて塩やレモンで食べる話ばかり書いたが、タンは煮込んでシチューにしてもごちそうになることは承知の通り。クセのないシカタンはデミグラスソースとも合う。もしも知り合いに大物猟ハンターがいたら、「捨てるのであればタンを譲ってほしい」とリクエストしよう。

「タン？　肉じゃなくていいの」

そんな答えが返ってくるはずだが気にすることはない。彼らがその値打ちに気づいて、自分用にしてしまう前に、魅惑のタンを楽しんでみてほしい。

シカのホルモン焼き

この味には手間をかける価値がある

何度もゆでこぼして臭みを取るなど下ごしらえに手間がかかるモツ料理。レバーとハツ以外は利活用率がグッと低くなるため、ジビエのホルモンがどういう味なのかは一般にはもちろん、ハンターにもあまり知られていない。そこで、里山保全組織「猪鹿庁」代表の安田大介さんの協力を得て、シカのホルモン焼きを食べてみることにした。

シカは牛や羊、山羊、キリンと同じく4つの胃袋を持つ反芻《はんすう》動物で、一度飲み込んだ食物を第1胃で部分的に消化してから口に戻し、それを第2〜第4の胃で繰り返し、食物をすりつぶして消化する。しょっちゅう口をモグモグさせているのはそのためだ。

もっとも大きな第1の胃は、独特のプリプリした食感で焼き肉屋でもおなじみのミノ。肉厚だがくどさがなく、そのあたりが人気の秘密と思われる。ちなみに、焼き肉店で「上ミノ」とされているのは、ミノのなかでもより肉厚な部分を指す。

第2の胃はハチノス。名前の通り、蜂の巣のように六角形が並んだ形状をしていることからこう呼ばれている。焼くと硬くなりやすいので、下ゆでをしっかり行うのが料理のコツ。イタリアではトマトで煮込んだ「トリッパ」という定番料理も存在する。

僕は以前、アメ横で購入した牛のハチノスでトリッパをつくったことがあるが、何度もゆでこぼししながら数時間かけて下ゆでするので部屋中ににおいが充満して大変だった。しかし、完成した料理はおいしく、手間をかける価値があると納得したものだ。

第3の胃はセンマイ。大きな部位ではないことから希少性があり、内側に重なるひだが布を千枚重ねたように見えることからこう呼ばれている。脂肪が少なく食感はコリコリ。「センマイ刺し」はさっぱりした食感で焼き肉屋の通好みメニューにもなっている。もちろん焼いて塩ダレや醤油ダレで食べてもおいしい。

そして第4の胃がギアラ。こちらは濃厚で甘みのある脂が特徴となっており、焼き肉やもつ鍋で大活躍する部位だ。

今回は、これら4つの胃に、コブクロ（子宮）と大腸を加えた6種を食べてみることにした。コブクロと大腸も下ごしらえのやり方で味が決定的に変わってしまうため、念入りに行う必要がある。

安田さんによると、牛であろうとシカであろうと下ごしらえに手間と時間がかかるのは一緒で、ハンターたちが食べようとしないのも、味がどうこうではなく面倒だからではないかということ

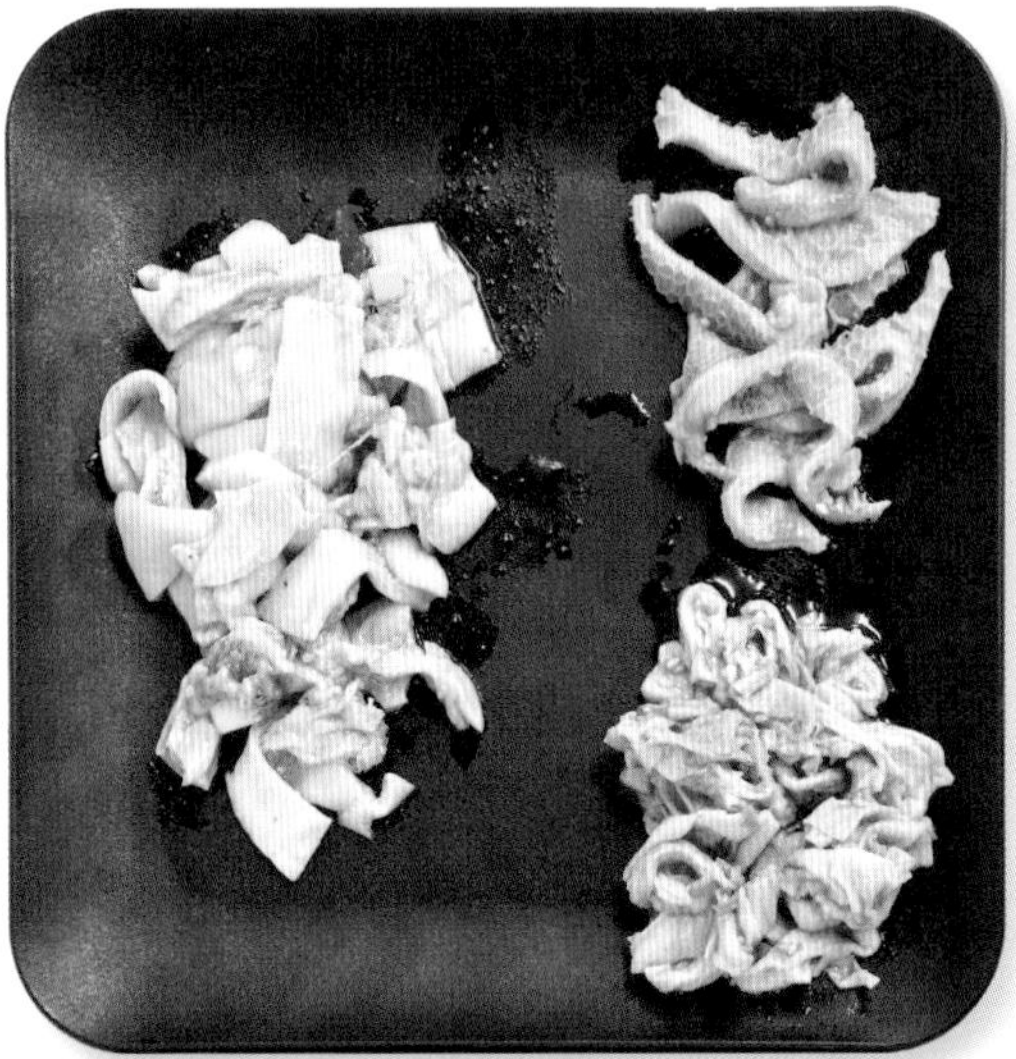

左コブクロ、右上ハチノス、右下センマイの和え物トリオ

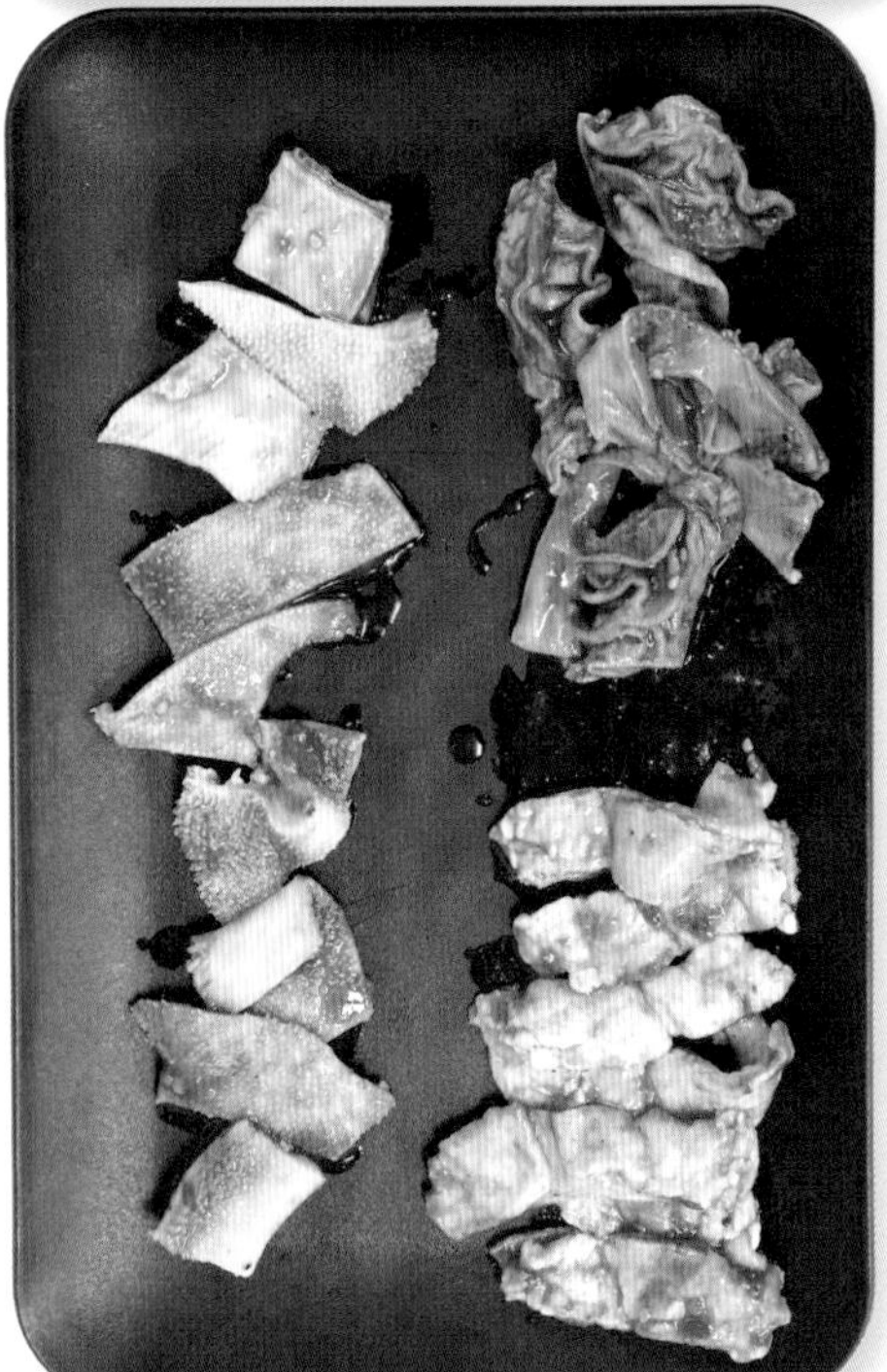

左ミノ、右上ギアラ、右下大腸の焼き肉トリオ

焼いたそばから食べ尽くしてしまった。シカなのでホルモンもあっさり風味で食べやすい

だった。

さて、結論からいこう。シカのホルモン、旨いです。肉質を反映するのか、牛や豚と比較して断然さっぱりしているのだけれど、歯ごたえといい、噛むほどににじみ出る旨味といい、文句のつけようがない。

それぞれ、弾力性や脂の有無など個性が違うところもおもしろく、食べやすいので箸が止まらない。お酒のツマミとしても最高なのではないかと安田さんとも意見が一致した。

惜しいのは、ほとんど流通していないこと。ジビエの加工処理施設でもホルモンまで利用しているところはほとんどないだろう。それでも、エゾシカのホルモンが通信販売されているのは確認できたので、興味のある向きはトライしてみてほしい。後悔はさせないと断言しておこう。

熊掌料理——ツキノワグマの掌《て》を食べたい！

激レア宮廷料理を初体験

狩猟期間が終わった2月下旬、鳥撃ち師匠の宮澤さんからクマの手が手に入ったと連絡があった。それはすごい。クマ肉は食べたことがあるけれど、手となると触ったことさえないのだ。食べられるというので、めったにない機会だと思い、冷凍保存を頼んで『狩猟生活』編集長に連絡すると、見たい、味見したい、撮影したい、と即座に返信がきた。

ラーメン屋『八珍』を営む師匠は若い頃から料理店で修業を重ねた人。店名の「八珍」は、中国で古来、珍重されてきた食べ物の総称であり、そのなかには熊掌《ゆうしょう》も入っているのだ。

中国では2000年以上前からクマの手が食べられ、中国全土の珍しい料理を集めた宮廷料理〝満漢全席〟のメニューにも入っていたほどなのだ。庶民の口に入るものではなく、出回ることも少ない。値段も高価でひとつ数万円するともいわれるが、日本では食べる習慣がなく、猟師たちもほとんど捨ててしまうのだろう、その味について聞いたこともなかった。

今回入手できたのは、クマを仕留めた猟師が、「八珍」にひっかけた洒落っ気を発揮したのかもしれない。においの強いクマ肉料理でよくあるように、ワイン煮にする食べ方もあるようだが、ここは本場に敬意を表し、純中華風の調理法でクマの手を体験してみたい。

「そうですね。ちょっと研究してみましょう。準備ができたら連絡します」

ジビエマイスターの資格を持つ師匠も、クマの手は初体験とあって気合が入っている。さて、どんな料理に仕上がるか……。

困ったことに、味の想像ができない。クマの肉なら何度かモモ肉を食べたことがある。調理法は、塩麹にひと晩漬け込んでからステーキにしたものや、ワインとトマトを煮込んだラグーなど。独特の臭みを消すことが主眼だった。いま独特と書いたが、それがどんなものなのか、言葉で説明するのは難しい。たとえばカモ肉なら、スーパーで売られている鶏肉や合鴨と比較することができ、歯ごたえや肉の締まりを表現しやすい。イノシシも豚肉との比較が可能。飼育された生き物と、自然のなかで暮らす生き物との差が歴然としている。

しかし、クマには、我々が普段口にするもののなかに比べられるものがない。カモやイノシシより、さらに濃厚で、脂身には甘味さえあり、僕は大好きだ。まぁ、機会があれば食べてみてください。

1 これがクマの手。爪が鋭い

2 最初にすべきは手を覆う毛の処理。バーナーの力を借りる

3 金属ブラシで毛が残らないよう取り除く。ここを念入りにやっておかないと、あとで苦労するので指の間などもていねいに行う

4 爪と骨を取る前に火を通すほうが作業がしやすい

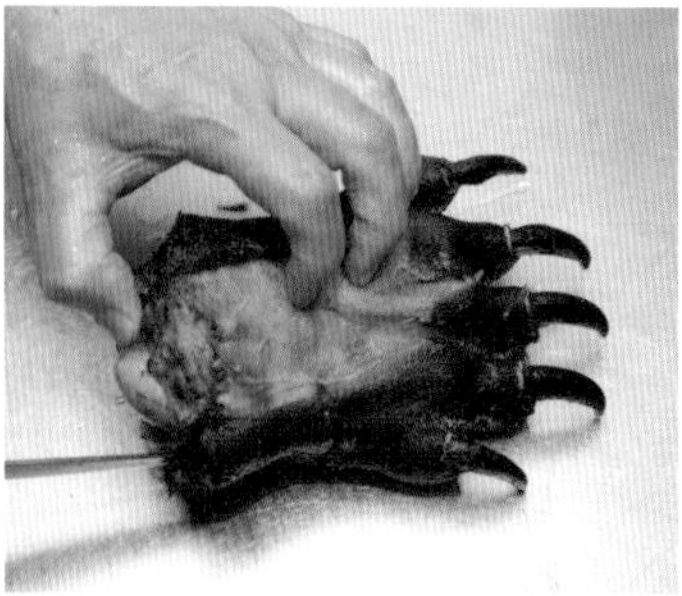

5 骨を取り外す作業はプロの料理人にとっても簡単じゃない。爪はペンチで引き抜く

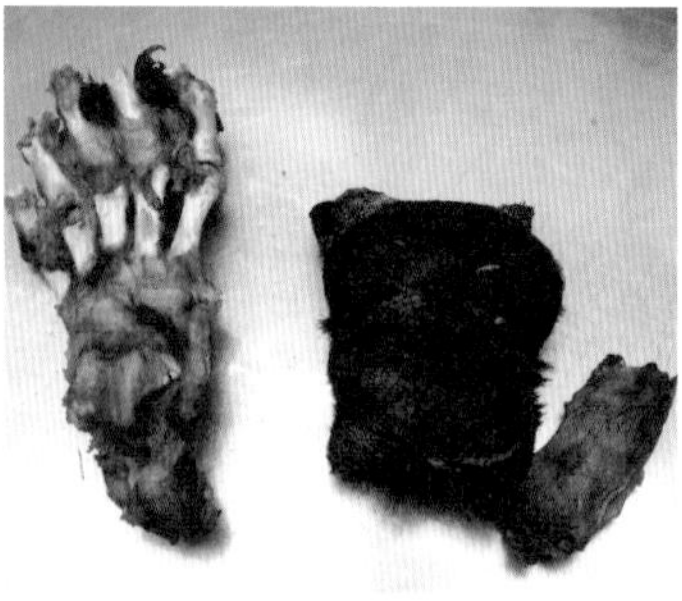

6 ここまでくれば、下ごしらえも終盤。あとは煮込んでいくだけ

湯を交換しながら長時間煮込む。圧力鍋を使って効率を高めても、一連の準備に計 6 時間ほど要した

脂身の旨味と軟らかい肉が絶妙の食感を与えてくれたクマの手料理。編集者と友人の 3 名で食べたが、みんな、どう表現したらいいかわからず、「おいしい」としか言葉が出ない。 個人的には、それ自体には味のない肉球の予想外の歯ごたえが印象的だった

長野県では、シカ肉に関する知識を有し、適切に調理した ジビエ料理を提供できる調理人を「信州ジビエマイスター」に認定している

クマの手と聞いて、思い浮かべたのは豚足だった。動物性コラーゲンたっぷりの、ぷるぷるした食感は、好きな人も多いだろう。自分の手足を眺めても、甲の部分は肉がついていないし、手のひらや足の裏は脂肪分が多そうだから、クマの手も似たようなものではないだろうか。

師匠から食べに来てくださいと連絡が入ったのは、約2カ月後だった。どんな味かと尋ねたら、ひと言「おもしろい料理になりました。珍味だよ」とのこと。どうやら、クマの手をいくつか使って試行錯誤したらしい。せっかくなので下ごしらえから見学させてもらうことにしよう。

「はい、これが手。中国じゃ、餌を食べるときに使う右手の前足が高く取引されるというけど、味には関係ないと思うよ」

持たされたのは黒い毛に覆われた手で、師匠によれば100kgクラスのクマではないかとのこと。僕の手より、ひとまわりサイズが小さい。掌は指も含めてみっしりと肉球になっていて弾力性抜群だ。

調理は臭みを抜くため長時間煮込むなど手がかかる。お金を払って食べたらいくらになるかと質問したら、定価などない世界だから、高級中華料理店なら1手10万円でもおかしくないとのことだった。

「でも、今日は特別にタダでいい（笑）。食べてみてください」

さすがは師匠、太っ腹！

出てきた料理は、クマの手の姿煮。爪と骨を抜き、ひたすら煮込んだものなので、手の形がそのままだ。味付けも醤油ベースの薄味ソースだから、クマそのものの味を堪能できる。さっそくナイフで切り分けると、ゼラチン質の塊だけではなく、肉もしっかりついていて、一緒に食べたら、ぷるんとした食感とホロホロの肉が相まって、お世辞抜きで旨く、八角の香りも効いている。とはいえ、どんな味と訊かれたら、これまでの人生で未体験の味とでも答えるしかないのだが。

ひとついえるとしたら、素人が適当にやっておいしく仕上がる料理ではないということだ。ゼラチンのところだけ食べても、肉だけ食べても、それほどのものとは思わないのに、一緒に食べたらべらぼうに旨い。ソースを含め、プロが腕を発揮してこそのハイレベルな素材だと思う。クマの手は、かの孟子も好物だったらしいが、むしろそれは、手間暇かけてていねいにつくりあげる料理人の技量に捧げられた賛辞だろう。

さらに意表を突かれたのは、肉球だった。掌は厚い皮の肉球の内側にゼラチン層があり、さらにその下の骨周辺に肉がついている。だから肉球は用無しだと思っていたら、2~3㎜に切ってソースで食べるとコリコリした歯ごたえがたまらないのだ。たとえるならフグの皮に近いだろうか。

「好評でよかった。初めてつくったから要領がつかめなくて、けっこう大変だったんですよ」

話しているうちに午前11時の開店時間になり、常連客がどんどんやってきた。ラーメン屋のおやじに戻った師匠を見て、そのほうが似合っていると僕は思った。

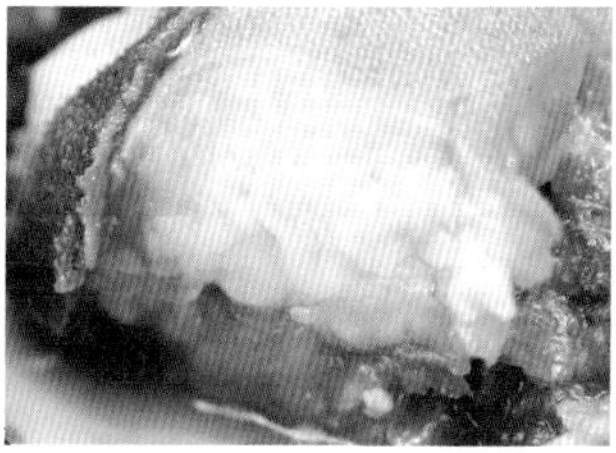

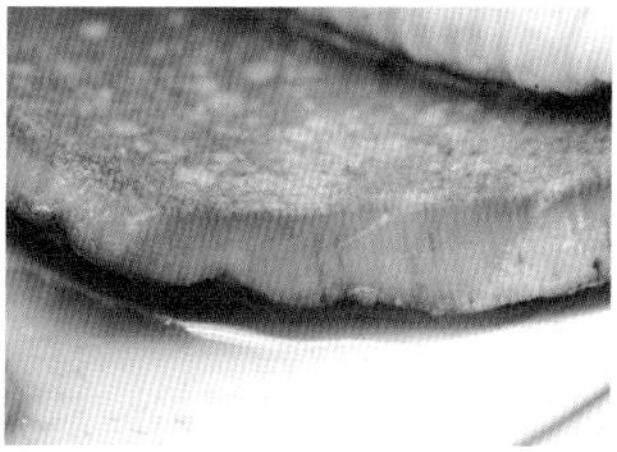

【材料】
ツキノワグマの手（1本）、キュウリ（1本）、タマネギ（1玉）、タケノコ（適量）、醤油など調味料（適量）、八角

【つくり方】

クマの手の毛をバーナーで焼いて処理したあと、爪と骨を取り除き、じっくり煮込みながらアクを抜いていく。今回は約5時間かけたが、何度か湯を交換しながら、アクの出方やにおいの強さをみながら柔軟に対応する。さらに、圧力鍋で20分加熱して肉を軟らかく仕上げた。味付けは中華風で、食感と肉の味を最大限味わうため、ソースはシンプル。醤油をベースにクマ手のスープで調整し、八角で風味をつけた

キュウリの彩りが鮮やかな姿煮の完成。厚みのある脂肪、その下の肉を合わせて舌にのせると、かつてない食感を体験できる。コリコリした肉球も独特で、これぞ珍味

ノウサギとテンの食事会

久しぶりのウサギと人生で2匹目のテン

「ウサギの肉、食べたことある?」

先シーズンの猟期が終わる頃、鳥撃ち師匠・宮澤幸男さんから尋ねられた。

「久しぶりに獲れたから、よかったら食べさせてあげようと思って冷凍保存しているんだよ」

ありがたい誘いだ。山でウサギを見かけたことはあるが、まだ食べたことはなかった。

宮澤さんが暮らす長野県長野市あたりでシカやイノシシが増えてきたのはここ20年か30年のこと。それまでは姿を見ることさえ珍しく、大物猟をするときは南信まで遠征するのが常。地元ではヤマドリやキジ、カモを狙う鳥撃ちと、ウサギ狩りがメインだったそうだ。

ウサギ狩りのときは、巻き狩りのように勢子と撃ち手に分かれてグループで行動することもよくあった。

山の高いほうから低いほうへ斜めに下りながら、ウサギを撃ち手の待つほうへ追うのだが、とにかく動きが俊敏で、撃っても当たらず、両脚の間を走り抜けられることもあったという。

動き方も独特。これといった武器を持たないウサギがほかの動物に追われても逃げきることができるのは、発達した後ろ脚のバネを使って、速度を落とさずに直角に曲がることができるため。動いているウサギを仕留めるのは難しいので、ハンターはウサギが立ち止まって様子を窺う瞬間を狙い撃ちしていた。サイズは大きな猫ぐらいあり、狩猟中は2羽持ち歩くのがやっとだったそうだ。

そのウサギもいまではあまり見かけない。害獣扱いされていたウサギを駆除するために野に放たれたキツネに食べられてしまったともいわれている。その代わりに、今度はキツネが増えて困る事態を招いたらしいが。

獲ったウサギはどのように食べていたのか聞くと、うどんに入れたり、汁にしたりしていたらしい。肉は赤身で独特のにおいがあり、筋肉質。フランスでは食用に飼育されたウサギがおもに食べられ、日本でも戦前は家畜として飼育していたが、野生のウサギの肉は硬くて筋張っているのだそうだ。

それでも、肉そのものが貴重だった時代、信州の猟師たちは獲ったウサギを料理して一杯やるのを楽しみにしていた。

「フランス料理なんかでもウサギを食べるけど、煮込み料理が多いみたいだね。せっかくなので今回は、昔風の食べ方でやってみようかな」

若い頃から飲食店で修業を重ね、いまはラーメン屋『八珍』を営む宮澤さんがつくる料理に外れ

寒い季節に食べたらいかにも温まりそうなウサギ汁。信州のベテラン猟師なら一度は食べたことのある"懐かしの味"だ

なし。猟友の小堀ダイスケにも声をかけ、食べに行く日程を決めた。

そうしたら、また宮澤さんから連絡がきたのである。今度はこうだ。

「ウサギより珍しいものが獲れました。テンですが、食べてみる?」

もちろんである。というか、テンって食べられるものなのか。どんな味なんだろう。

「それが、僕も食べたことがないんだよね。撃ったのも生涯で二度目。前のときはたしか山に埋めてきた。今回も食事会のことが頭になければスルーしたと思う。ところが、ネット検索してもテン料理なんて出てこないし、唯一見つけたのも、たまたま入手したテンを焼いてみましたというものだったよ」

大ベテランの宮澤さんでも味の想像がつかない

鍋の要領で野菜とともに煮込む。この日は特別にヤマドリ（肉皿の右）も投入した。比べるとウサギ肉が赤身だとわかりやすい

レアな肉だということか。興味あるなあ。

「ほとんど誰も食べたことがないなら逆におもしろいと思って、内臓処理だけしてそのままキープしてます」

当日までに料理法を考えておくという。我が人生初のウサギと、半世紀近い狩猟歴を持つ宮澤さんさえ初となるテン。レアな食事体験ができそうだ。

野性味あふれるウサギの歯ごたえ

「まずはウサギ汁だね。僕にとっては懐かしい味」

食事会の1品目は、かつて北信の猟師メシだったウサギ汁。今日は鶏と豚でダシを取ったスープに野菜を加えて立派な料理に仕上げてくれた。宮澤さんが若い頃食べていた、撃ったばかりのウサギを解体してうどんをぶち込む、肉汁うどんのようなものを再現したのだ。本当は数日間熟成させるのが旨いのだが、なにしろ2羽しか持ち歩けないので、たくさん獲れたときは出会った人にプレゼントしたり、昼食として食べたりして、また猟を続けることも多かった。

そんなときはダシをていねいに取るようなことはできないので、味噌や醤油で味付けして食べていた。北信の猟師にとって最高の肉はヤマドリだったが、ウサギは背中と後ろ脚から肉が取れ、かなり食べ応えがある。すごいごちそうというほどではなかったけれど、大物猟をしなかった時代、貴重なジビエだったことは間違いない。このように、日本では凝った食べ方はあまりされなかったようだが、フランス料理では飼育された肉を使うこともあって、ウサギ料理は伝統的に人気が高く、ジビエの定番となっている。代表的なメニューは、前菜として出されるウサギのテリーヌや、ローストしたウサギ肉に生クリームなどを使ったソースをかけたもの。ウサギ1羽を丸ごと煮込むロワイヤルなどは高級料理として知られている。

さて、実食。味の想像がうまくできないまま口をつけると、ややゴツゴツした感触で、いかにも野生の肉という感じがした。程よく締まった赤身といえば伝わりやすいだろうか。

「悪くないでしょ？　長期冷凍保存した分、旨味が落ちているけど、ウサギがどういうものかわかってもらえたらうれしいね」

肉の量は少ないが味は文句なしのテン

宮澤さんも初体験となるテンは、解体から見せてもらうことができた。

「これ見てごらん。なぜテンを食べる人がいないかわかるよ」

言われてのぞき込むと、意味がすぐにわかった。圧倒的に肉が少ないのである。イタチ科のテンは体長50cm程度（尻尾を除く）、体重が2kgもない小動物。食べられそうなところはモモ肉とわずかな背ロース、レバーくらいなのだ。

しかも、テンには肉以外に人に欲しがられるものがある。毛皮だ。

「ミンク並みかそれ以上に価値があるといわれているんだよね」

触ってみると、滑らかさが絹のごとし。1匹からはわずかしか毛皮を取れないので、短いコート1着つくるのに10匹近くが必要。なかでもセーブルと呼ばれるロシアの黒テンは毛皮のなかで最高とされる。現代では毛皮の需要は激減しているが、昔のテンの狩猟者の目的は肉ではなく毛皮で、それと比べたら肉など価値がないため、ジビエとして利用されることが少なかったのだろう。手間をかけて解体してもほとんど肉が取れないこともあって、食べる人がいないのだと思われる。

そうなると我々の責務は、なるべくシンプルな方法でテンの肉を食べ、読者に感想を伝えること。宮澤さん、塩コショウだけで焼いてみましょう。

「うん、蒸し焼きにしてみよう。きれいな肉でにおいもないし、もしかしたらおいしいかもしれないよ」

10分後、完成。小堀さんと同時に「いただきます！」と発声し、一片の背ロースを噛みしめる。そして、つぎの瞬間、またしても同時に叫んだ。

「こ、これは旨い！」

どれどれと宮澤さんも箸をつける。

「珍味という感じじゃなくて、クセもなく、普通に旨い肉だね」

僕と小堀さんはモモ肉にかぶりついた。キジやヤマドリのモモ肉に近い、キュッと締まった歯ごたえと肉食獣でありながら淡白な味。シカやイノシシなどの大物とはまったく違う世界がここにはある。これはもう、チャレンジ大成功といっていいだろう。

テンは旨い。どこに出しても恥ずかしくないジビエだ。毛皮さえ注目されなければ、いま頃高級食材として世界中の美食家を唸らせていたと思う。もし機会があれば、慎重に毛皮を取ったあとで食べてみてください。

テン肉の蒸し焼き。焦げないようタマネギを敷き詰め、塩コショウ、スパイス、バターで１〜２分蒸し焼き。本邦初公開のジビエ料理が誕生!!

イタチの丸焼き

小柄なイタチは2分割して丸焼きに

「わなにかかったオスのイタチを駆除したけど食べてみる？」

鳥撃ち師匠の宮澤幸男さんから連絡をもらい、冷凍保存をお願いした。池の魚を襲われるので小さな箱わなをかけ、捕獲されたものだという。宮澤さんも食べたことはなく、イタチを捕らえたのも半世紀のキャリアで2匹目とのこと。

イタチは動物園でも数えるほどしか飼育されておらず、パッと姿形が思い浮かぶ人は少ないだろう。食べたことのある人はさらにわずかなはず。ネットで検索してもほとんど出てこない。

にもかかわらず、イタチの名が広く知られているのは、江戸時代からある〝イタチごっこ〟という慣用句が定着しているからだ。もともとは「イタチごっこ、ネズミごっこ」と声をかけながら相手の手の甲をつねって、その上に自分の手を重ね、交互にそれを繰り返す子どもの遊びが流行り、それが転じて〝双方で同じことを繰り返し、いつまでもらちが明かない〟状態を指すようになったとされる。

もうひとつ、〝イタチの最後っ屁〟もある。追い詰められたイタチが悪臭を放って逃げることから、せっぱつまって最後の手段に打って出る場合などに使われる言葉だ。

このように、日本では昔から馴染みのある動物だったイタチの体型は小さくて細長い。テンに似ているが、体重はオスで500g前後が標準でテンより小柄。一見かわいらしいが獰猛な性格で、ニワトリやウサギも捕食する。テンが筋肉の発達した肉だったように、イタチも歯ごたえのある肉質だと予想できるが、味はどうなのか。

料理人でもある宮澤さんが腕を振るってくれることになり、めったにない機会だということで、知人を誘って4人で食べに行った。

「そもそも肉が少ないので、解体して左右に2分割しました。これを丸焼きしてみようと思う」

見せてもらうと、ピンクがかった赤身の肉で、嫌なにおいはしない。解体中も気にならなかったと宮澤さん。ほとんど脂肪がないのが特徴だろうか。とくにモモのあたりは筋肉の塊という感じがする。背や胸に焼き肉にするほど肉がないので、半身を塩コショウのみのシンプルな味付け、残りの半身は焼き肉風のソースを絡めて、それぞれ蒸し焼きで食べることにした。くどいようだが、焼き始めても嫌なにおいはしない。ただ、いい香りもしないので、味の想像がつかないままだ。途中で水を追加し、10分ほど弱~中火で両面焼いて完成。

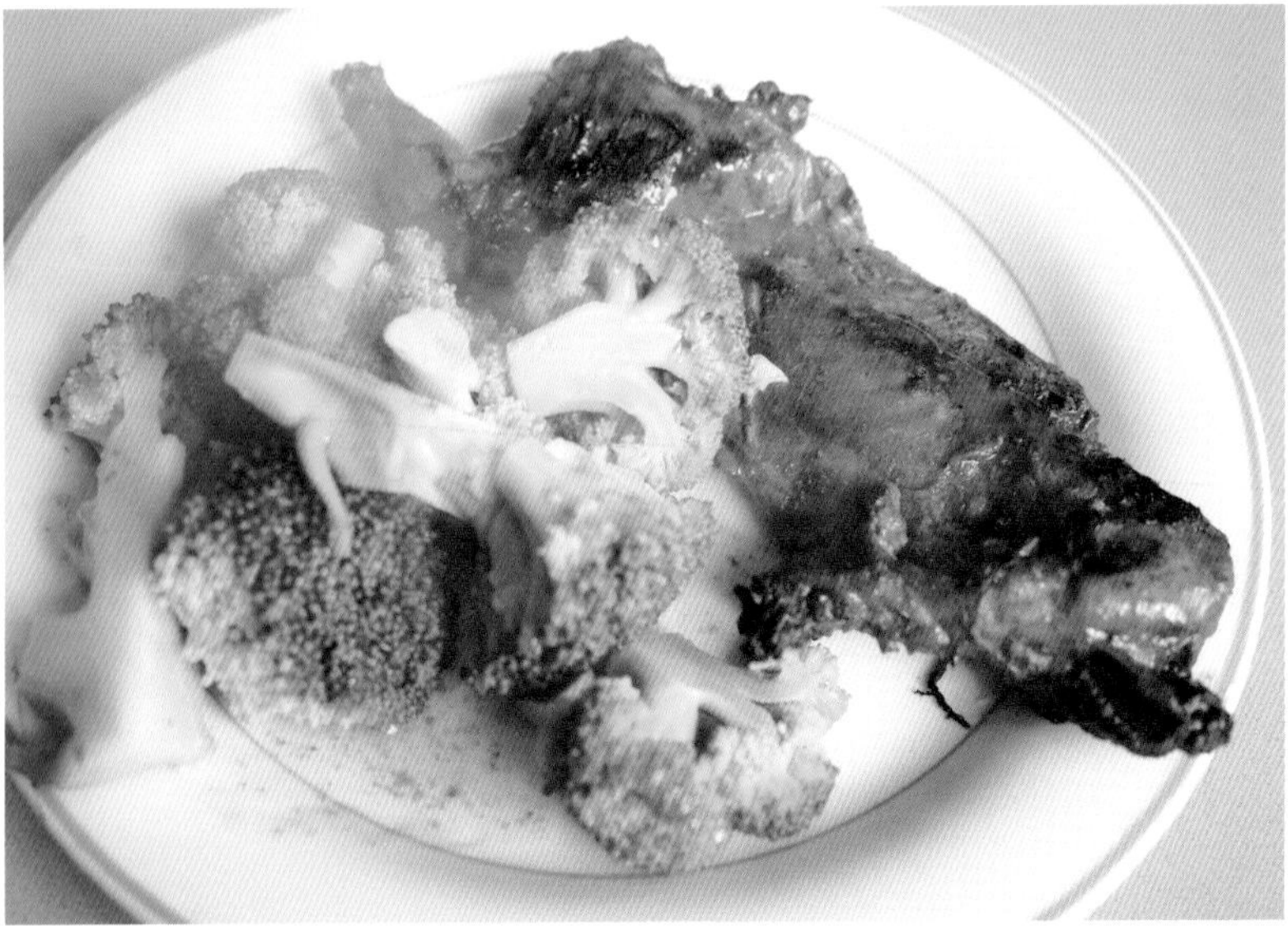

塩コショウのみで焼いたシンプル版。イタチをかじった後で食べるブロッコリーがやけに美味に思えた（写真＝日高トモキチ）

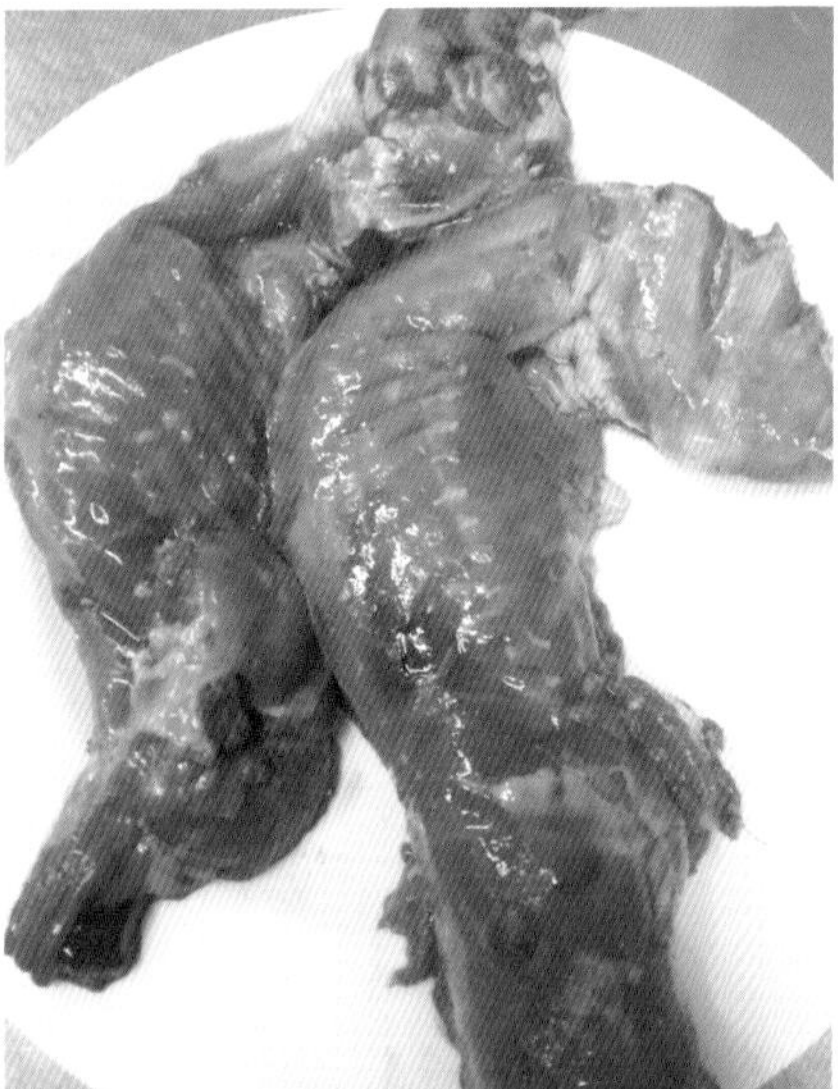

これで１匹分（半身×2）。
イタチは肉が足りない

ナイフで切るのが難しいほど、肉が骨にしがみついている。脂身はほぼない（写真＝日高トモキチ）

イタチを味わう友人 H。なかなかコメントが出てこないのは難解な食感だからか

まずいかと問われたら悪くはないと答えるが……

焼き肉風の味付けを施した半身から試食開始。ナイフで肉を切って食べようとするのだが、なかなかうまく切れないのは、肉が少ないのと、筋肉の硬さがあるから。

「臭くはないね。あとは……弾力があります」

しばらく言葉を探していた友人が呟いたように、臭みはないけどけっこう歯ごたえがあって食べやすい肉ではない。脂身がないためか、ジューシーではなかった。とはいえ、煮込まなくても食べられるのだから、肉のクセも硬さも、それほどではないということができる。

「そうだね。まずくはないよ。まずい肉は調理段階でわかるものだし、食べても喉を通らない。イタチはそんな肉じゃない。だけど、あまり特徴のない味かな。これがイタチだというような個性に乏しいね」

宮澤師匠は、旨いかまずいか判定しづらい肉に困り顔だ。おそるおそる口にしたほかの友人たちも、ふた口目に手を出そうとはしない。

ここでもうひと皿、塩コショウ焼きが出来上がった。同じように切って噛みしめると、焼き肉風ではわからなかった風味が立ち上がってくる。不快というのではなく、野性味。自分は今たしかにジビエにかぶりついているという実感だ。惜しい。これでジューシーだったら、個性的な肉としておすすめしたくなるのに。

「さっきのより、イタチっぽい気がする。どういうのがイタチかと尋ねられてもうまく言えないけど」

普段食べている家畜の肉とは違うな、という反応だろう。

「肉が骨にぎゅっとへばりついていて食べにくい」

上品にナイフで切ろうとしたのが失敗だった。かぶりつくべきだった。

「独特の肉質で、どう表現すればいいか見当がつかない」

ジビエでも、シカやイノシシなら好き嫌いがはっきり分かれるものだが、イタチには比較検討する食の体験がなく、食レポができないみたいだった。友人たちのコメントから、とらえどころのないイタチへの戸惑いを感じてもらえれば幸いだ。そう、誰もまずいとは言わないが、旨いとも言わないのである。

ただひとつ、共通していたのはつぎの質問の答えだ。また機会があったら、イタチを食べたいですかと尋ねると、全員が口をそろえた。

「一度食べれば十分です！」

タヌキ、キツネ、ハクビシン、ヌートリア毛皮獣4種は肉もおいしいのか？

レアジビエを一気に味わう日がきた

未食のジビエが入手できたら食べさせてほしいと頼んでいた「猪鹿庁」の安田大介さんから待ちに待った連絡がきた。事前に他所で手配しておいたキツネに加え、タヌキ、ハクビシン、ヌートリアの3種がそろったという。いずれも、肉より毛皮が珍重される動物たちだ。

というか、肉の評判はあまりよろしくない。キツネやタヌキは臭いとよく言われる。ハクビシンは、食べた人からは案外おいしいと評されるけれど、害獣のイメージが強く、食べられないと思っている人が多いだろう。ヌートリアは生息地が西日本に集中していて、関東以北ではなじみのない

タヌキ汁は肉の軟らかさが生きる。シシ汁より女性向きかも

先にタヌキの肉を焼いて汁にするのが鉄則だ

動物だ。

いったいどんな結果になるのか、千載一遇のチャンスとあって、『狩猟生活』の鈴木編集長も参加を表明。〝毛皮獣4種ごちそうグランプリ〟が開催された。

タヌキ

北尾（以下、北）　タヌキの評判が悪いのは肉質なのか臭みなのか。それとも両方なのか。

安田（以下、安）　恐いので、まず妻がつくった赤味噌仕立てのタヌキ汁を食べてみましょう。

鈴木（以下、ス）　大丈夫、確かめるのが目的なのでまずいのも歓迎です。

北　むしろそっちのほうが良かったりして。あれ、旨いですよタヌキ汁。味噌のせいかな。

安　脂が多いのがいいんですかね。（ジビエが苦手な奥さんに）どうでしたか？

安田妻　私は苦手。脂がダメ。

ス　ジビエ慣れしている我々より一般的な意見だと思います。

安　焼くと肉の軟らかさがわかりますね。こっちはどう？

安田妻　脂身を避ければ大丈夫です。おいしい。

安　過去にタヌキ肉を試食して以来、一切食べようとしなかった妻がタヌキ肉を褒めるとは意外です。

北　やりました！　脂身に好みの差が出るけど、臭いという意見はないし、汚名は払拭されましたね。

ス　硬くなくて食べやすく、それでいてしっかりと野趣が感じられます。

北　脂のない部分には少しコリコリ感もある。

安　個体差は大きそうですが、今後はタヌキを積極的に獲ろうという気になりました。

キツネ

ス　キツネは私が知り合いのハンターに頼んでいたもので、九州と四国で獲られた2匹の肉となっています。両方ともメスです。

北　贅沢です。個体差があるかどうかのチェックにもなりますね。

安　ではモモ肉を焼いていきましょう。気になるにおいはナシ。色もきれいな赤身です。

北　焼いても身が縮まらない。味はどうかな。あ、引き締まったいい肉じゃないですか。タヌキとは違って筋肉質。

ス　普通の赤身ですね。クセがなくてちょっと拍子抜け。

安　鉄分は多めかもしれない。

北　タヌキのほうがクセはある。ただ、スズキさんはカワウを「うまい、うまい」と言った人ですからね。クセがなくてつまらないというのは少数派だと思うよ。安田さんの感想は？

安　おいしくてびっくりしてます。脂身もしっかり含まれていて噛むと溶け出してくる。キツネも臭いと言われがちなんですが、肉食獣特有の外側（毛皮側）のにおいのイメージが強いのかもしれません。キツネ肉に限った話ではありませんが、獣肉全般に対する臭いっていうイメージは、適当に解体した肉を周囲に配って、それを食べた人がおいしくないと言ったんじゃないかな。

北　もう1匹も食べてみましょう。うん、個体が違っても味が同じだ。これがキツネの肉だと思っていいですね。合否の判定をお願いします。

ス・安　合格です！

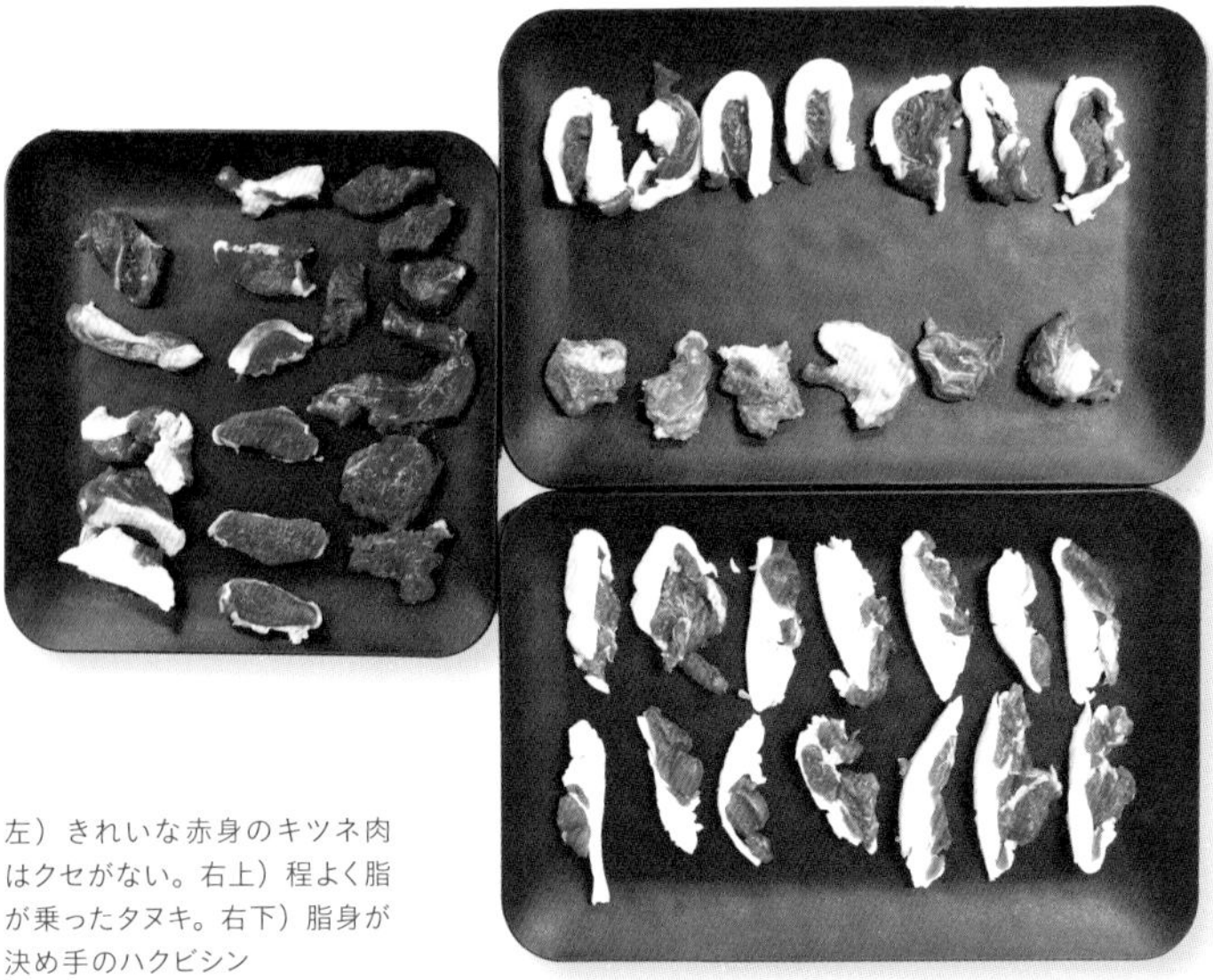

左）きれいな赤身のキツネ肉はクセがない。右上）程よく脂が乗ったタヌキ。右下）脂身が決め手のハクビシン

ハクビシン

ス　ハクビシンは果樹園を荒らしたり都会にも出没したりして、すっかり悪者のイメージがついてしまいましたが、肉はおいしいと聞いています。

安　食べたことがありますが、本当においしいですよ。

北　脂が乗っていますね。アナグマを思い出しました。これでまずかったらおかしいくらいの見栄えです。

安　焼いていきましょう。おっと、脂がしたたり落ちる。においもいい。

北　塩コショウだけで食べてみます。うわ、脂が溶け出す。

ス　弾力もあっておいしい。噂通りの実力ですね。

北　体型的にはテンやイタチと似通っていますが、

脂が溶け出したらハクビシンの食べ頃近し。焼きすぎると焦げてしまうのでご注意を

味はハクビシンの圧勝です。

ス　タヌキもそうですが、水や食べ物の影響もありそうですね。ここ（岐阜県郡上市）の野生動物は食生活がいいんじゃないですか。

安　少なくとも都会のハクビシンよりはおいしいと思う。

北　優秀なジビエですよね。アライグマやアナグマを食べてみたいと思う人は、ハクビシンにも注目してほしい。彼らは小柄なので肉があまり獲れず、駆除目的以外で獲る人は少ないのかな。

安　タヌキやキツネもそうですが、肉より毛皮が重宝されがちなんです。

ス　毛皮獣ですからわかりますけど、だからといって肉を捨ててほしくないですよね。せっかく獲った以上は。

北　食べましょうと言いたい。ジビエパーティーの主役級ですよ。タヌキとキツネも悪くなかったけれど、比較ということになるとハクビシンが頭ひとつ抜けている。

ス　厳密に言うなら、肉そのものより脂身が抜群なんでしょうね。

北　キツネも少し甘味があったけど、ハクビシンは口の中でとろけてゆく。

安　ということで、ハクビシンは脂が乗っている時期に獲れたものがおすすめです。

ヌートリア

ス　ヌートリアは関東に暮らす我々にとって、フィールドで出会うチャンスのない動物です。

北　小さなカピバラみたいなイメージなんです。

ス　同じ齧歯目《げっし》だから当たらずとも遠からず。南アメリカ原産で南米に広く分布し、水辺で生活しています。

安　日本へは、戦時中に毛皮を取ったり食肉とする目的でフランスから持ち込まれたと聞いたことがあります。食肉用の需要は伸びなかったけど、味はいいですよ。

北　安田さんはよく食べているんですか？

安　毛皮もいいですし、食用としてもいいのですが、このあたりはあまり出没しません。ヌートリアは寒さに弱いので、山間部だと冬が越せないのだと思います。

ス　だから東日本では増えないのですね。ところで肉はどこにありますか？

安　せっかくなので解体風景を見てもらいたくて吊るしています。

北　猫ほどのサイズですね。門歯が黄色いのが特徴。カピバラはガサガサですが、毛が柔らかくてしっとりしています。

安　ヌートリアはひたすら草を食べています。どうですか、草のにおいがするでしょう。

北　言われてみれば……。ヘルシーな肉なのか。

ス　鶏肉のように肉の色が薄いですね。早く焼いて食べたい。

安　あわてずに、ジビエ肉にはしっかり火を通しましょう(笑)。

北　僕たちもいろいろと食べてきたので、見ればおいしいのはわかります。たぶん淡白で旨味もある。

ス　その通りでした。これは鶏肉です。

北　黙って出されたら勘違いしますか。

ス　そう思います。食肉にしようと考えたのは間違いではなかった。被害を減らすためにも、食用肉として見直されればいいのに。

安　食べ方は、シンプルに焼き肉がいいと思います。

やや温暖な岐阜県南部の水辺でエアライフルで獲れた貴重なヌートリアを解体中の安田さん

北　今日はどれもおいしかった。個性もそれぞれなので比較して順位付けもできないですね。はっきりしたのは、タヌキやキツネがそうであるように、よく聞かされてきた悪い評判があてにならないことです。

ス　それぞれの良さがありました。

北　タヌキの肉を安田さんの奥さんに褒められたのが一番うれしかったです。ジビエすべてがダメではないことがわかりました。

安　私も驚いていています。つい歯ごたえを重視しがちだけど、軟らかさも大事なんだと。

北　いかにして奥さんをジビエ料理で感動させるか、新しいテーマができましたよ。

安　がんばります（笑）。

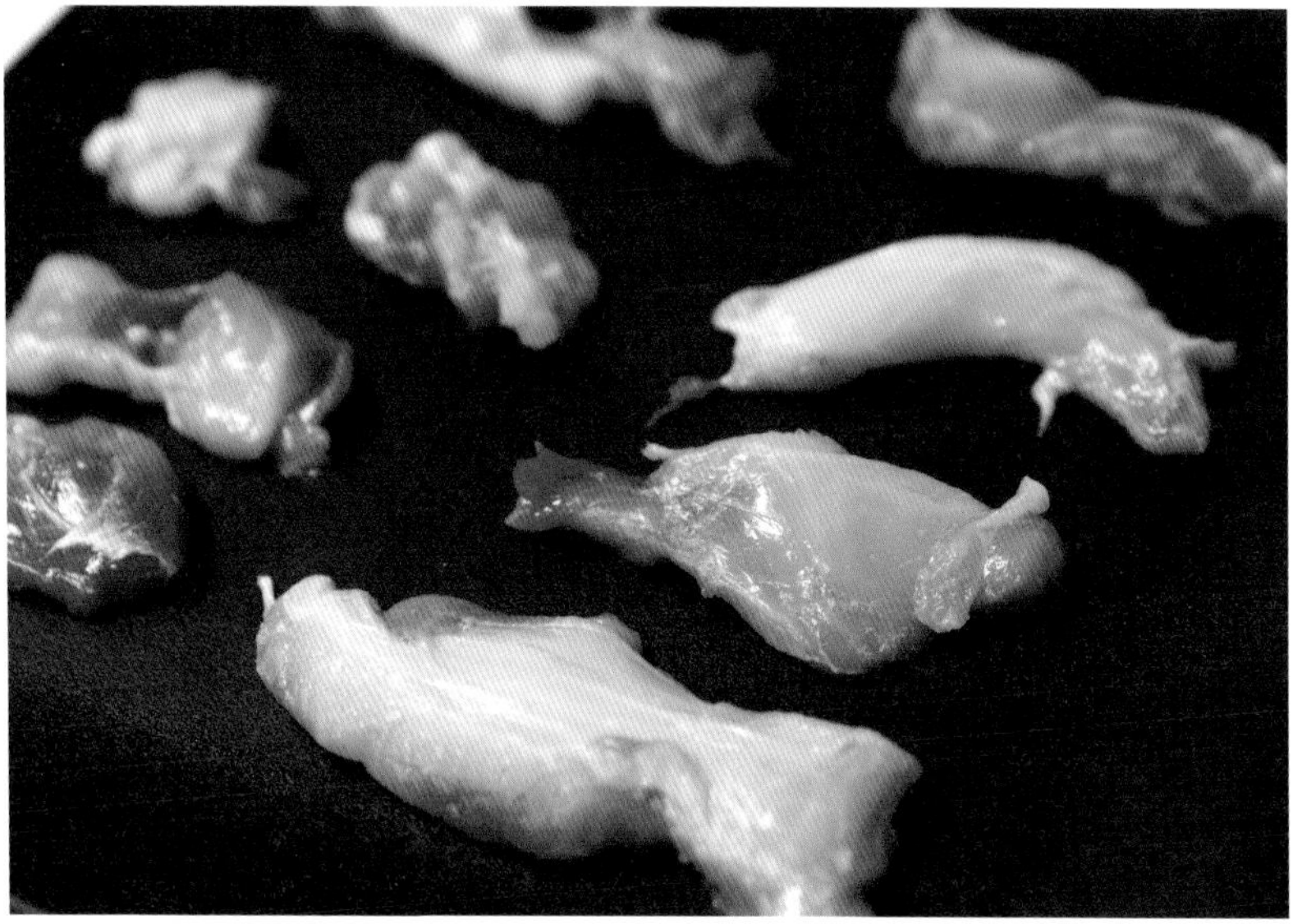
ヌートリアの肉は、大型ネズミのような外見に似合わぬ透明感あるピンク色。いい予感しかしない！

淡白だが滋味豊か。想像した通りの焼き上がりに、期せずして歓声が上がったのである

アナグマ最強！

〝クマ〟とつくけどイタチの仲間

狩猟歴が長くても、アナグマの肉を食べたことのある猟師はあまりいない。〝幻のジビエ〟と呼ばれる所以だ。しかし、食べた人は一様に称賛する。

「脂が乗ってなんともいえない旨さだ」

僕も一度食べたことがあるが、口の中で溶けながら旨味に変わる脂身に驚かされたものだ。その肉を焼いてくれた大分県の和ジビエ料理店『樂樂』の首藤正人さんから、今季もアナグマを仕留めたから食べに来ないかと誘っていただいた。

名前こそ〝クマ〟がつくものの、アナグマが属すのはクマ科ではなくイタチ科。ミミズを主食として本州以南の森林に分布し、地中に巣穴を掘って暮らしている。日本では昔から見た目が似通っているタヌキと混同されがちで〝ムジナ〟とも呼ばれてきた。貝塚遺跡から骨が発掘されることも多く、古くから食料として利用されてきたのだろう。

それなのに食べる人が少ないのは、〝ムジナ〟の肉は臭いという評判が行き渡っているせいかもしれない。

「ジビエの普及でそうではないことが知られるようになってきたけど、食べたことのない人には、いまだに野生の肉は臭いと思い込んでる人がいる。解体技術が未発達で、冷凍保存もままならなかった時代のイメージが残っているんですよね。その誤解を解き、野生動物のおいしさを知ってもらいたい」

と首藤さん。今回の獲物は1週間前、イノシシ用の箱わなの外にこぼれた米ぬかを食べていたのを撃ったものだそうだ。

「すぐに解体して急速冷凍したので、臭みはまったくないはずです。今日は前脚の肉を使ってみましょう」

甘くて口溶け最高！　アナグマの脂肪は格別だ

調理法はシンプルな焼き肉と、豪華なすき焼きに決定。解体した肉を見せてもらうと、透明感のある真っ白な脂肪が肉を分厚く覆っていた。

積極的に捕まえる人が少ないことから、美味なのに一般に出回りにくいアナグマは、一部の猟師だけが知っている山のごちそうだ

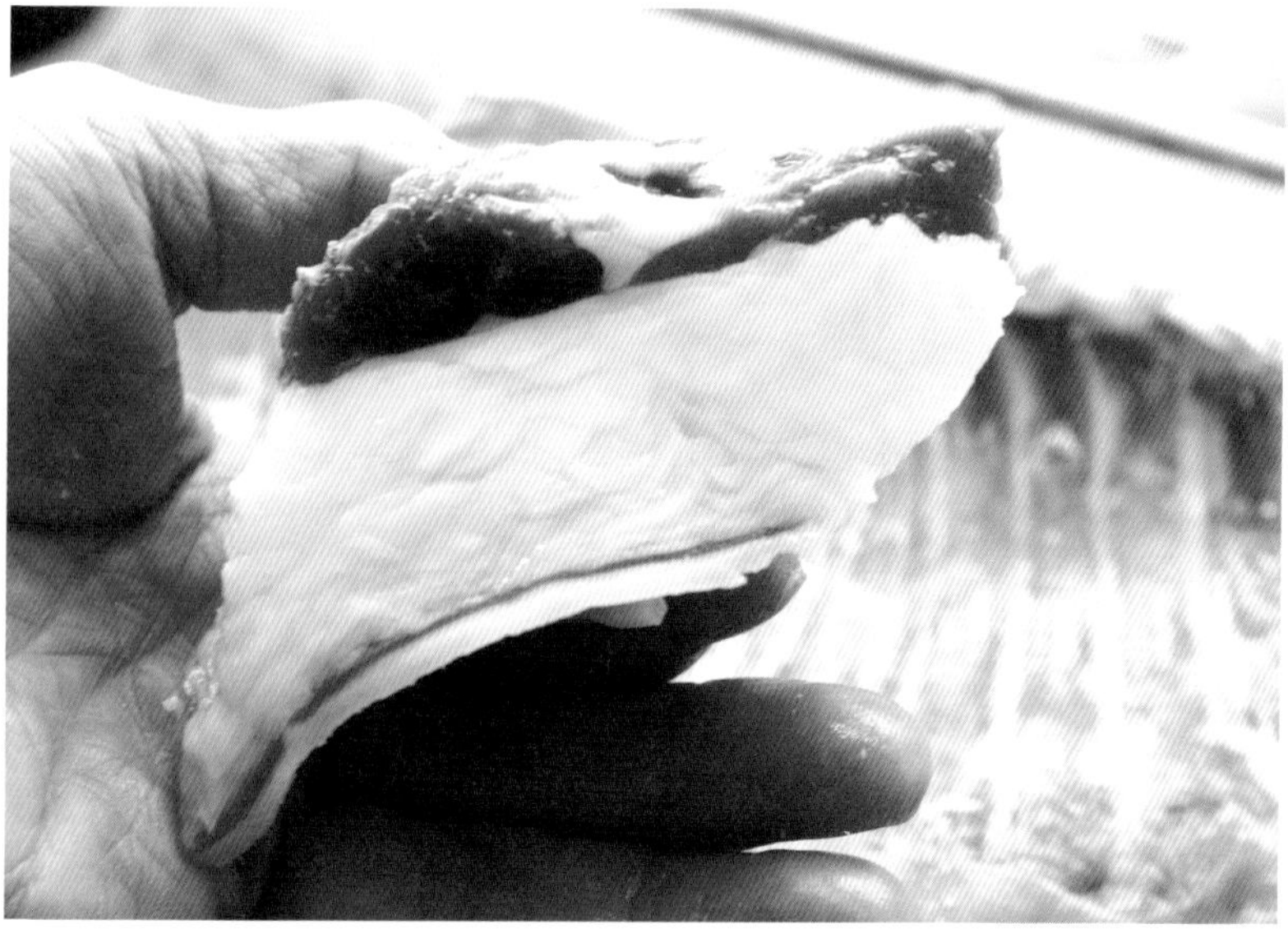

たっぷり乗った脂肪。ていねいな解体を施されたアナグマには臭みなどまったくない。脂肪の厚みは上質肉の証だ

脂肪の多いアナグマの食べ方は炭火焼きが一番と首藤さん。さっと焼いたら網の周辺に避難させる。フライパンで焼く場合はあふれ出る脂肪を適宜流す

「待っている間にどうぞ」

出されたのはイノシシの皮付きハム、シカ肉の燻製、ニジマスの燻製。メインが控えているのに贅沢すぎる前菜である。

さて、アナグマだ。炭火をおこして網の上に乗せると、間を置かずに脂が溶け始め、なんともいえない香りが漂ってくる。脂肪の融点がイノシシ並みに低いのではないだろうか。放っておけば炭に脂が落ちすぎて網上が火事になってしまいそうだ。

脂肪は、火が通っても白さを保ったまま透明感を増していく。

「ガブッといっちゃってください」

言われるままにかぶりつく。まず、プリッとした触感がいい。そして、嚙んだ瞬間に甘味のある脂肪が口の中で溶け出すと箸が止まらない状態になった。肉はイノシシを上品にした感じ。脂肪がさらりとしているのでベタつかない。個人的にはイノシシ以上、アナグマ最強だと思った。

味付けは塩コショウか、焼き肉のタレを少しつける程度にして、肉質の良さを満喫したい。大分名産の山椒と塩の組み合わせもおすすめだ。

上質の脂肪が生かされるのが、首藤さん曰く「山のごちそう」であるアナグマのすき焼き。肉が旨いのはすでに知っていたが、スープに溶け込んだ脂が野菜などの具材に染み込んでコクと旨味を倍増させるのである。普通、これほど脂肪を摂取したらげんなりしそうなものだが、お代わりに次

箱わなで捕らえたアナグマ。よく太って脂の乗ったメスの個体。止めはエアライフルで行った

ぐお代わりで食欲が止まらない。本来はメにうどんを入れて食べるそうだが、さすがにやめておくことにした。

それにしても、還暦過ぎたおやじをここまで夢中にさせるとは……。

アナグマの実力、恐るべし！

最高の肉質を求め、どんな獲物でも急所を一発で撃ち抜くことに首藤さんはこだわる

すき焼きでは肉を煮すぎると硬くなるので、しゃぶしゃぶ感覚で食べるのがいい。
溶け出す脂肪でスープも抜群

無敵のアライグマ！

ポイントは二層の脂身の外側を取り除くことにあり

アライグマは北アメリカ原産で、現地では昔から狩猟獣としておなじみの存在。日本ではペットが野生化して全国に分布するようになったが、動物園では子どもたちの人気者だったり、アニメ番組『あらいぐまラスカル』の影響もあって、かわいい動物のイメージが強い。そのせいもあるのか、雑食性で農作物や養鶏などが被害に遭っているわりに駆除の対象とはなりにくかった。獲ったとしても、アライグマは頭胴長（尾を除く長さ）60〜70cmと小さいので肉が少なく、わざわざ解体してまで食べようとは思わないハンターが多そうだ。

しかし、じつはアライグマはおいしいという噂が広まっている。

それで思い出したのが、以前（『狩猟生活』10号）食べたアナグマ。食べた人の間では高い評価を得ていたものの、ハンターでも味を知るものは少ないことから実食してみたところ、とろけるような脂身に舌を巻いてしまったのだ。興奮のあまり『アナグマ最強！』なるタイトルで記事を書いたものだが、さてアライグマはどうか。

今回も大分県の〝ハンターシェフ〟こと首藤正人氏に協力を依頼。わなにかかったと連絡を受け、『狩猟生活』編集長とともに羽田—熊本を空路で、そこからレンタカーを飛ばしてご自宅へ伺った。

「獲物はメス。オスに比べて臭みがないと思います。解体後、すぐに真空包装して冷凍。私も食べたことがないので楽しみにしていました」

未知なる狩猟獣の肉質を知るためにはシンプルな焼き肉が一番だ。解体を通じて、アライグマをよりよく味わうポイントがわかったと首藤さんは説明する。アライグマは肉を覆う脂身が二層になっているというのだ。

「外側にはツーンとした臭みがあります。『アライグマの肉は臭い』と嫌うハンターがいるのはそのためでしょう。ところが、内側の脂はそうではないのです」

だから、外側の脂を取り除いて調理すれば、まったく臭みのない肉が焼けるというわけだ。普段はシカやイノシシ、鳥類をおもに扱う首藤さんにとっても新たな発見で、もしかするとタヌキなど、臭みを指摘される狩猟獣に共通する傾向かもしれない。

「アライグマから取れる肉は限られているので全部使いたくなるけれど、モモ肉の脂は半分しか使わないつもりで処理しました。目に見える階層ではないので個体差はあるでしょうね。ツーンとするかしないかが見極めの基準となります。他の動物の例からもオスは臭いがきついと思われるので食用には向きません」

こうして処理したモモ肉は、縮むのを防ぐため叩いてから焼く。かわいらしい姿形とは違って、アライグマは獰猛で、四肢の力が強く、筋肉が発達している。肉質そのものも硬めだから、叩いたほうが食べやすくなるそうだ。

一方、脂の少ないロースはそのまま骨付き（スペアリブ）で炭火焼きしてみた。

「自分なりに考えて、肉を軟らかくするため、塩コショウに紹興酒、日本酒、生姜、ニンニクで漬け込んでみました」

結果はどうだったか。脂身の旨さを堪能したアナグマを炭火焼きしたときと比べると違いは歴然。アナグマでは網に置いた直後から脂がしたたり落ちたが、アライグマではそれほどでもない。脂身も硬く引き締まっているのだ。そして、肉より脂身の旨さが光ったアナグマとは違い、アライグマはしっかり肉が旨い。歯ごたえはあるけれど、脂と一緒に頬張ると甘味が舌に広がり、なんともいえない心地になる。

「これは大成功だね」

「経験のない旨味です」

首藤さんと編集長も、ひと口食べて破顔した。

ていねいな解体ぶりと高鮮度ぶりがわかる美しい肉の色合い

見よ、炭もヨロコビの炎でスペアリブを迎えた！

ロースは脂身がない分、歯ごたえの良さが前面に出る。食べやすいのは確かだが、ジビエならではの野性味も備わった〝強い肉〟だ。これもまた、かなりレベルが高いといえるだろう。焼き肉では甘い脂身のアナグマにかなうものはないと思っていたが、強力なライバル出現だ。実力は甲乙つけがたいが、肉のみについていえばこっちのほうが上と思えた。

「繰り返しになりますが、くれぐれも外側の脂を使わないこと。その違いだけで印象が１８０度変わってきます」

「この肉ならイケるんじゃないかと思って、カツの用意をしました。やってみないとわからないけど、ダメならダメで話のタネになるでしょう」

どうやら首藤さん、肉を叩いているときに、揚げたらいいのではないかとひらめいたらしい。ジビエでカツといえばシカが有名だが、アライグマを油で揚げたらどうなるのかと興味を抱いたのである。ちょっと弱気な発言なのは、結果が予測しづらいからだという。

「クセの強そうな肉ではないから、揚げてみたらどうなるか知りたいのが本音。正直なところ、自信は五分五分」

おもしろい展開になった。アライグマの調理が初めてといっても、そこは料理人。おいしく焼くにはどうすればいいか、長年の経験がおのずと答えを導き出してくれる。しかし、カツに関しては首藤さんにも予想がつかないらしいのだ。

「いいですね」

編集長と僕が思わずほころんだのは、この挑戦が成功しても失敗しても本邦初になるからである。どちらかといえば、失敗を期待する気持ちが強いくらいだ。

どんな肉でもおいしいはずはないし、料理法によって結果が異なるのはむしろ自然なこと。しかし、スーパーの食肉コーナーには、値段によってレベルの差はあっても、あからさまにまずいものは並ばない。その点、ジビエは同じイノシシでも味が違い、なかには硬くて嚙み切れないものも。ジビエだからと、なんでも持ち上げる風潮はどうかと思うのだ。

「じゃあ、揚げてみますね」

シカがカツに合うのは、淡白な肉質だから。焼き肉にしたアライグマは食べやすくはあるものの、ほのかな甘味があって淡白な印象は受けなかったから、これはちょっとした食の冒険だ。

まずければはっきりそう書こう。逆に成功すれば、新たなジビエの可能性を広げた功績を褒めたたえよう。

さあ、果たして結果は？

「これは……すごくおいしい」

レモンを絞って、熱々をひと口かじった編集長がのけぞった。だが、過信は禁物。食いしん坊で珍しもの好きな編集長は、初体験のジビエを大げさに褒めがちな傾向があるのだ。いくら焼き肉が

もっとも盛り上がったのはカツを食べた瞬間。誰も予想しきれなかった旨さが凝縮されていた

旨くても、それと揚げ物は別。冷静に味わいたい。

「う、ま、い。もしかすると焼き肉を超えたかも」

サクッと揚がった衣の先から、コリッとした歯ごたえを伴ってジューシーな肉が口内に飛び込んでくるではないか。レモンの酸味が鼻腔をくすぐり、叩いた肉は硬すぎることなく嚙み切れる。味付けはレモンのみ、せいぜい少量の塩。ソースや醬油は不要だ。

「アライグマは想像を超えてきますね。まんまと成功しちゃいました」

我々が漏らす絶賛の言葉を半信半疑の表情で聴いていた首藤さんでさえ、カツの出来栄えに満足して自画自賛のコメントを発した。

「つぎは煮物です。食べてみてください」

ジビエと煮物は相性がよく、だいたい外すことがない。あえてつくったのは、アライグマは甘口

香ばしいアライグマのカツ。レモン塩が相性抜群

アライグマの唐揚げ。肉に旨味があるので味付けはさっぱりと。コリッとした歯ごたえなのに軟らかみもある、独特の複雑な味わいだ

が特徴の九州醤油と合うと考えたためだ（甘味が苦手な人は砂糖の量を減らして好みの味にしましょう）。

おいしく仕上げるためのポイントは、手間暇を惜しまないこと。今回は骨でダシを取り、3日間煮込んだという。

「アクを取って湯を捨て、水からまた茹でることを繰り返すんです。私がプロだからではなく、ジビエで煮物をつくる際にはぜひ真似してください」

軽く言うけれど、簡単なことではない。だが、せっかくの獲物。最善を尽くしておいしくいただいてこそハンター、という強い思いが首藤さんにはある。ていねいな作業は確実に好結果を生むのだ。雑に行えば、それなりの食事にしかならない。

「圧力鍋はマメにアク取りができないのでおすすめしません。とにかくじっくり煮込むことです」

菜の花のおひたしをあしらい、和風の皿に盛られた煮物は、見ただけでおいしさが保証されたも同然だ。九州風の味付けによって、アライグマの煮物が立派な郷土料理になって、酒もおのずと進むのである。

首藤さんの店『樂樂』の限定メニューにしてはどうだろう。

焼き肉、カツ、煮物まで楽しみ、かなりの肉を食べたが、ハンターシェフのお品書きはまだ終わらない。

「仕上げに鍋を用意してます。やろうと思えばまだ考えられるけど、満腹で残されたら悲しいから、食べやすいかたちで最後を飾りましょう」

もう疑いの余地はなかった。焼き、揚げ、煮物を制覇してきたアライグマが鍋でしくじるはずがないのだ。しかもこの鍋、多彩な野菜が加わった薄味での仕上げ。やや疲れ気味の胃袋にも優しいときた。

「今日もふたりはそれなりに食べていますが、硬い肉をいかに調理すれば軟らかく、負担なく食べてもらえるかを考えながらつくったので、おそらくもたれる心配はないと思います」

そのためには、仕留めてすぐに血を抜き、きれいに解体して冷凍保存することで肉質の良さを保つのがカンジンであり、調理段階ではていねいさを心掛け、食べ方によって工夫を凝らすことが好結果を生む。ハンターのなかには、獲ることに熱心なわりに食べることに興味がなく、〝適当に切り分けて焼くか汁や鍋で食べる〟だけの人がけっこういる。でも、今日のように多彩な食べ方をすれば、アライグマでフルコースをつくることもできるのだ。

「アライグマ、カツにしたら食べられたものじゃなかったと書きたかったのに、おいしすぎて残念です」

負け惜しみを言うと、首藤さんが笑って答えた。

「また集まって『どうがんばっても手に負えなかった』というジビエ食事会をやりたいですね」

ホロホロとほどける肉。見ただけで時間をかけて煮込んだことが伝わる。九州醤油のまろやかさが絶妙だったが、普通の醤油でもシャープな仕上がりになるだろう。似合う酒は清酒か、はたまた焼酎か

他の食材やスープを活かし、品よくデザインされた鍋物。彩りも配慮され、いかにもおいしそう。ハンターシェフの 面目躍如だ

魅惑のキョン！ふんわり&さっくりの新・房総ジビエ

キョンは房総ジビエの有力候補!?

千葉県に、一部で注目を集め始めている野生動物がいる。キョンだ。中高年なら山上たつひこ作のマンガ『がきデカ』（1974～80年 少年チャンピオン連載）を思い出すかもしれない。主人公のこまわり君が繰り出すギャグのひとつに〝八丈島のキョン〟があり、読者の間では有名になった。でも、それ以降は話題になることも少なく、多くの人にとってはなじみのない動物だろう。

それもそのはず、キョンは環境省指定特定外来生物で、中国や台湾が生息地。日本では千葉県や伊豆諸島など一部の地域でしか見られないからだ。なぜそうなったかには諸説あるが、千葉県の場合は勝浦の「行川《なめがわ》アイランド（2001年閉園）」が飼育を開始した昭和30（1960）年代から野外で目撃されるようになった昭和60（1980）年代の間までに飼育されていたものが逃げ出し、野生化したと推定されている。

もともと日本にはおらず、限定された地域で繁殖を繰り返したため、どんな動物なのかさえ、あまり知られていないキョンは、哺乳綱偶蹄目シカ科ホエジカ属に分類される。大きさは体高50㎝、体重10～15㎏ほどでニホンジカよりかなり小さい。繁殖力が高く、千葉県の推計によれば2006年度には9100匹だったものが、2019年度には4万4千匹へと急増。現在は7万匹と推定されている。畑を荒らすだけではなく住宅地にも出没して庭の草木を食べ尽くすとなれば放っておくわけにいかず、県では防除実施計画をつくって対策に乗り出しているものの、駆除が追いつかないのが現状だ。

しかし、ジビエとして考えると、キョンは大いに魅力的。中国や台湾では高級食材として取り扱われているらしく、シカ肉と比べてどうなのかという素朴な興味がある。いまのところ県を挙げて売り出す様子はないけれど、灯台下暗しという言葉もあるように、地元では駆除ありきでジビエとしての可能性に気づいていないのかもしれない。

シカは旨い。大好きだ。シカ科のキョンは同じ系統に属するのだから、シカと同等か上回る肉質であってもおかしくないではないか。そう考えて、キョンを〝房総ジビエ〟の目玉とすべく研究中だという「オンジュクジビエラボラトリー」代表の宮嵜勢太郎さんに依頼し、試食させていただくことになった。

初体験の軟らかな食感に唸る

宮寄さんも、当初はあくまで駆除のためだけにキョンを獲っていたという。くくりわなをかけると、他の動物よりキョンが獲れる率が高いのだ。

「キョンは小柄なので、10〜12kg程度の個体だと2〜3kgしか肉が取れません。食べてみたらおいしくて、家族も喜んで食べてくれる。この地域でしか安定的に獲れないなら、それを強みに変えて名物にできるのではないかと考えているんです。ですが、キョンはもともと日本にはいなかった特定外来生物であり、生きたままの移動や飼育が禁止されている動物。商業的利用が行き過ぎるのも心配ですが、有害獣捕獲としてせっかく奪った命を少しでも無駄にしないよう、お肉や革製品、角や骨なども上手に活用していきたいと考えています」

味の特徴はクセのないおいしさだというので、まずはシンプルに焼いて、微量の塩のみで食べてみることにした。肉はきれいな赤身でほとんど脂肪がない。下処理でそうしたのではないそうだ。ニホンジカも脂身は少ないけれど、キョンはそれ以上。暖かい地域で生きていくのに特化しているからなのだろうか。

薄くサラダ油を伸ばした鉄板を熱したところにキョンのモモ肉を並べる。動物によっては火が通るにつれて身が縮こまるように小さくなるが、脂身がないせいかそういうことは起きなかった。止

箱わなで捕獲したキョン。オスの成獣でも中型犬ほどの大きさ

め刺しや解体の腕もあるのだろうが、キョンの赤身は濁りがなくて美しく、焼いてもまったく臭くない。

しっかり火を通し、ひと口目を食べる前からい い予感しかしなかった。見た目にも、ふっくらした焼き上がりがわかるのである。肉は焼きすぎると硬くなるイメージと異なり、表面が少し持ち上がっているように見える。

口に入れてみると、とくに力を入れずとも嚙み切れるので驚いた。想像以上に軟らかい肉だ。入れ歯の人でも食べられるほどに。

「ニホンジカもクセがないといわれますが、さらにクセのない味ですよね。いつ食べてもそうなので、キョンの特徴といって良いと思います」

歯ごたえがないわけではないが、人によってはあっさりしすぎて物足りないのではと、宮嵜さんはあえて筋膜を少し残して焼いてくれた。それによって食感が複雑になるという。ニホンジカだと筋膜をしっかり除去しないと食べるときに気になるものだ。

クセがない肉は旨味に欠けそうだが、ふんわり軟らかく、さっくり喉を通る。赤身にありがちな鉄分も感じられない。ヘンな後味も残らず、不快なところがどこにもないので、いくらでも食べられそうだ。塩だけでこうなのだから、本当に旨い肉だと言い切れる。老若男女問わず勧められるという点で、ジビエ界でも屈指の存在ではないだろうか。

中華料理とキョンは相性抜群

焼いても硬くならず、ふっくらした食感を維持できる。味や香りにクセがなく食べやすい。もちろん焼き肉もおいしいが、これらの長所をより生かす食べ方はどんなものだろうか。

「中国や台湾で高級食材になっていることからも、中華料理に合うと思います。市販のものですが食べてみませんか」

宮寄さんが取り出したのはクックドゥの中華合わせ調味料『豚肉の黒酢炒め用』。なるほど、そうきたか。クセのない淡白な肉はソースと合わせることで食べ方のバリエーションを増やすことができるが、ニホンジカの場合、洋風料理にすることが多い。ただ、その場合もベリーソースが合ったりするので、酸味との相性は良さそうだ。

再び鉄板で肉を焼き、ネギとピーマンを加え、『豚肉の黒酢炒め用』と絡めて完成。

「うまっ」

思わず声に出してしまうおいしさだ。キョンならではの軟らかい食感を残しつつ、パンチのある調味料の味を肉全体にまとわりつかせている。肉に主張がない分、他の食材と仲良くできるのか。豚肉には悪いけれど、この料理に合う肉ということなら、迷わずキョンに軍配を上げたい。

この日は猟師料理としてサイコロ状に切って炒めたが、細切りにしてもふくよかさは損なわれず、より繊細な食感を楽しめるに違いない。牛肉が使用されるチンジャオロースをキョンでつくっても、まったく引けを取らないだろう。

ジビエの肉はクセが強い、歯ごたえがある、血の味がするといったイメージをひっくり返す上品でおとなしい肉、それがキョンかもしれない。獲れ高が少ないだけではなく、実力が伴っているから、高級食材として愛されてきたのだ。

食事のあとで、宮寄さんがかけた10カ所ほどのくくりわなを見に行った。あいにくこの日はかかっていなかったが、止め刺しは基本的に刃物で行っている。キョンは弱い動物なので銃を使う必要がなく、肉を傷めることなく止めることができるという。食用とはみなされずに埋設処理されが

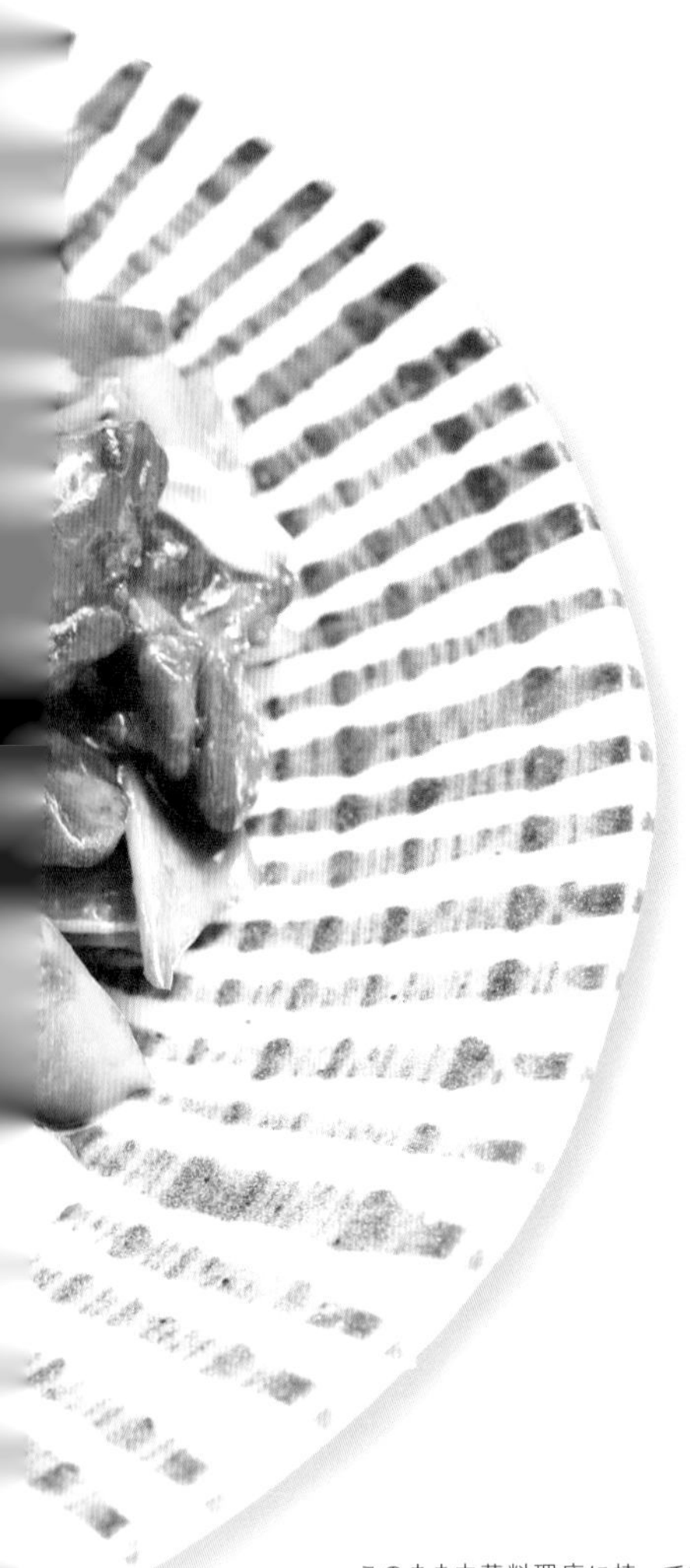

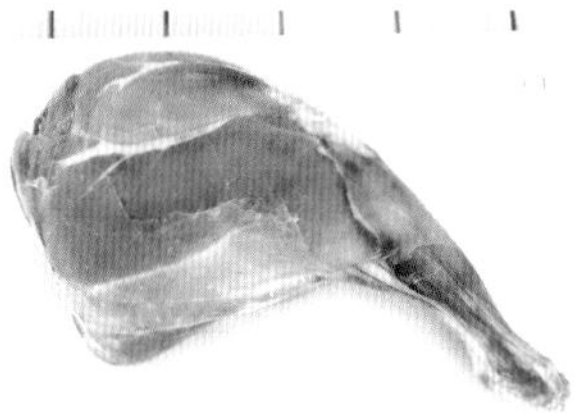

キョンのモモ肉。シカそっくりだが味は異なり、とても食べやすい

まずはシンプルに焼き肉で。ふっくらして不思議な食感が持ち味だ

爆発的に増えているキョンは房総ジビエの人気者になりそうだ

このまま中華料理店に持っていけば、単品メニューにできそうな出来栄え。中国や台湾での調理法も知りたくなった

ちだったが、行政も後押しを怠らず、肉質の良さが地域全体、そして日本中のジビエ好きに知られるようになれば需要も増えていきそうだ。

ジビエカツの王者はキョンカツだ！

大いに満足して引き揚げたあとで、もっとキョンを食べたくなってしまった。中華風ではない食べ方も合うのでは……。そこで、宮嵜さんにお願いしてキョンのロースとモモ、ウデ肉を送ってもらうことにした。ウデ肉とは肩の部分だ。届いたのは半匹分の肉。小柄なキョンだけに、半匹といっても1kgあるかないかだろう。

ぜひともやってみたいのはトンカツならぬキョンカツだ。シカのカツはジビエ料理店でよく提供されているので、キョンでも違和感がないはず。ふっくらと焼き上がる特徴を考えると、シカ以上の食感まで期待できる。カツを揚げるのは人生初だが、トンカツのレシピを参考にすればなんとかなるだろう。

部位はロースとモモを使用。きれいな赤身で、プリプリと弾力がありそうだ。脂はまったくといっていいほどついておらず、トンカツやチキンカツとは印象が違う。

レシピに従って肉を叩き、塩コショウで下味をつけたら小麦粉、タマゴ、パン粉の順で衣をつける。モモ肉には薄く筋膜がついていたが、宮嵜さんが好んで残していたように、噛んだときに気になるものではないのでそのままで。油は処分に困らないよう控えめの量にし、フライパンで揚げることにした。

低温でゆっくり揚げていき、衣の色の変化を見守るうちに、間違いなくおいしいという気持ちになってきた。臭みもクセもないキョンをカツにすると、衣の脂で旨味が増すだろう。その予感はカツに包丁を入れる段階で確信に変わった。さほど切れ味の良くない我が家の包丁でも、どこにも引っかかりがなく、サクッという表現しか思い浮かばないくらい軽い感じで切り分けられるのだ。

粒マスタードをつけ、レモン汁を数滴たらしてロースから食べてみる。

これはいい。ふわっと軟らかいのに歯ごたえもあり、大きなひと切れがあっという間に胃袋に収まってしまった。

モモ肉はロースよりほんのちょっと歯ごたえが増すが、それでも十分に軟らかく、パクパク食べることができる。カツなのにさっぱり食べられて、肉は弾力があってパサパサしない。脂肪がなくて物足りないとか、そんなこともない。

味は淡白なのだけれど、旨味があるのでソースいらず。家族の反応も良好で、一躍ジビエカツ界のトップに躍り出たキョンカツなのであった。

キョンカツ美味！　我ながら会心の仕上がりと自画自賛

キョンの炭火焼きに、子どもたちも大喜び

さて、ウデをどう食べようか。残ったロースとモモがあったので、友人一家と古民家宿に遊びに行き、炭火焼きすることにした。友人一家はキョンはもちろんシカも食べたことがないので、先入観に惑わされない素直な意見が聞けるだろう。

囲炉裏に網を置き、炭の遠赤外線効果でゆっくり焼き上げる。肉は塊で焼くことにした。

「キョンはシカの仲間なんですか。脂が乗ってないというか、脂がないですね」

キョンはどんな動物で、肉質はどうなのか。説明するうちに肉が焼けてきた。キョンの場合、いかにも旨そうな香ばしさはなく、したたり落ちた脂でジュージュー音がすることもないから、その点では盛り上がりに欠ける。しかし、キョンカツを食べた僕には、これでいいことがわかっているのだ。

程よく火が通ったところで網から下ろし、薄くスライス。内側がほんのりピンク色の焼き上がりだ。素早く取り分けて各自の皿へ。

「これはすごい。想像以上に旨いですよ」

酒好きの友人が唸った。

「本当にふっくらしていておいしい」

友人の妻も笑顔になった。オトナの真似をして子どもたちも肉を頬張り、驚きの表情を浮かべる。

「無限に食べられそう！」

味見してみると、炭火の威力も加わって言うことなしだ。ウデはロースやモモ肉より歯ごたえがあるけれど、プリッとした食感と口内にあふれる肉汁のバランスが最高だった。人によっては他の部位より好きかもしれない。

大人のみならず子どもまでもトリコにするキョンの食べやすさと旨味。味付けは塩コショウのみだから、実力の証明といっていいだろう。まだまだレアなジビエだが、食べた人の評価は高いに違いなく将来有望。今後きっと全国に知られていくと思う。

千葉といえばイノシシが有名だったが、〝房総ジビエ〟の未来は、これまでジャマ者扱いされてきたキョンが担っていくのかもしれない。

夕方になると畑に出てくるキョン。かわいいけれど、住民にとっては悩ましい存在だ

おわりに

　エアライフルで狩猟をする僕には、カモやハジロなどの水辺の鳥か、動き始めるまでに時間の猶予があるキジやヤマドリ、あとはキジバトやヒヨドリ、ムクドリくらいしか自力で仕留められるジビエがない。大物猟を取材して肉を分けてもらうときは、シカかイノシシ、せいぜいクマまでだった。

　これほど多くのジビエを食べることができたのは、とてもラッキーなことだったと思う。収録した原稿のいくつかは、ハンターや狩猟に興味を抱く人のための媒体である『狩猟生活』に寄稿したものだ。それ以外の原稿も、本書にたびたび登場する同誌編集長の鈴木幸成氏が同行し、撮影を担当。食べるほうでも活躍してくれた。

　おもしろかったのは、味に関してふたりが真逆の反応を示したとき。味の好みは人それぞれで、個性あふれるジビエではなおさらその傾向が強いことがわかった。

　それにしても、ジビエの楽しさよ。幸運というべきか、すべて食べ尽くしたわけではなく、ヒグマやタイワンリス、ミヤマガラスなど、未知のジビエが残っている。今後もチャンスがあれば食べて全種制覇を目指したい。

　ひとつだけ心配なのは、読者諸氏に「こいつ、ゲテモノ好きなのか」と思われること。そうじゃないんですよ、獲っても捨てるとか、食べもしないのにまずいと決めつけるのが嫌な性分を理解していただければ幸いです。

食材の提供や調理でお世話になったハンターたちにお礼を。なかでも僕の師匠である宮澤幸男氏、ジビエ宴会に招いていただいたばかりか宿泊までさせていただいた首藤正人氏、キョンを房総ジビエ名物にすべく奮闘中の宮嵜勢太郎氏、エゾライチョウを送ってくれた小堀ダイスケ氏、キツネを送ってくれた吉野かぁこ氏、猪鹿庁の安田大介氏のご協力に感謝します。

最後にハンター諸氏へ。自分はこれしか獲らないと決めつけず、一度は食べてみることで、その後の意識が変わってくるかもしれません。噂を信じるより、自分の舌で判断を。そして、こんな変わった本を手に取ってしまった皆さんに、めくるめくジビエの愉しみが、少しでも伝わったらと願います。

２０２４年2月　週末の出猟を心待ちにしながら　北尾トロ

主要参考文献

『魚谷常吉日本料理読本 6　野鳥料理』魚谷常吉（東京書房社）

『これからの日本のジビエ　野生動物の適切な利活用を考える』押田敏雄編著（緑書房）

『料理人のためのジビエガイド　上手な選び方と加工・料理』神谷英生（柴田書店）

『熊を殺すと雨が降る——失われゆく山の民俗』遠藤ケイ（ちくま文庫）

『狩猟用語事典』狩猟生活編集部編／小堀ダイスケ、佐茂規彦、吉野かぁこ（山と溪谷社）

初出一覧

初めて獲ったバンの味／書き下ろし

狩猟鳥獣はどうやって選定されている？／『狩猟生活』2022VOL.12（山と溪谷社）

狩猟のスタイルと獲って食べるまでの話／書き下ろし

朝は空気銃で鳥を撃ち、夜はフレンチのシェフになる／『狩猟生活』2018VOL.4（地球丸）

やまのにく、売ってます／『狩猟生活』2018VOL.3（地球丸）

猟師がつくる郷土料理は和のジビエ満載だ／『狩猟生活』2019VOL.5（山と溪谷社）

今宵……山の鳥たちの実力に触れる　美味探求！　ジビエマスターのフルコース／
『狩猟生活』2022VOL.12（山と溪谷社）

なぜ誰も、食べようとしないのだろう「黒い鳥はまずい伝説」の真偽を確かめる／
『狩猟生活』2023VOL.15（山と溪谷社）

水辺の鳥食べ比べ会開催！ カモ 5 種とアオサギを炭火焼きで味わう／『狩猟生活』2023VOL.16（山と溪谷社）

品の良いスープ　エゾライチョウの参鶏湯／書き下ろし

【コラム】猟師飯／書き下ろし

大勢で楽しみたいシカのしゃぶしゃぶ／書き下ろし

ほっぺたが落ちる旨さ⁉　イノシシの頬肉赤ワイン煮／書き下ろし

シカ vs イノシシ　ハツとレバーを食べ比べてみた／書き下ろし

タンはジビエの優等生／書き下ろし

シカのホルモン焼き／書き下ろし

熊掌料理——ツキノワグマの掌を食べたい！／
『狩猟生活』2017VOL.2（地球丸）「熊掌料理——ツキノワグマの手を食べる」を改題

ノウサギとテンの食事会／『狩猟生活』2021VOL.9（山と溪谷社）

イタチの丸焼き／書き下ろし

タヌキ、キツネ、ハクビシン、ヌートリア　毛皮獣 4 種は肉もおいしいのか？／書き下ろし

アナグマ最強！／『狩猟生活』2022VOL.10（山と溪谷社）

無敵のアライグマ！／『狩猟生活』2023VOL.14（山と溪谷社）

魅惑のキョン！　ふんわり＆さっくりの新・房総ジビエ／書き下ろし

＊ただし、初出原稿には修正と加筆が行われています。

北尾トロ（きたお・とろ）

1958年、福岡県生まれ。ノンフィクション作家。2010年、ノンフィクション専門誌『季刊レポ』を創刊、2015年まで編集長を務める。2012年、長野県松本市に移住、翌年第一種銃猟免許を取得し、空気銃猟を始める。2020年から埼玉県在住。『猟師になりたい！』『猟師になりたい！2　山の近くで愉快にくらす』（角川文庫）、『猟師になりたい！3　晴れた日は鴨撃ちに』（信濃毎日新聞社）、『夕陽に赤い町中華』『人生上等！　未来なら変えられる』（集英社インターナショナル）、『犬と歩けばワンダフル』（集英社）、『裁判長！　ここは懲役４年でどうすか』『にゃんくるないさー』（文春文庫）、『キミは他人に鼻毛が出てますよと言えるか』（幻冬舎）など著書多数

ツキノワグマの
掌《て》を食べたい！
猟師飯から本格フレンチまでジビエ探食記

2024年4月5日　初版第1刷発行

著　者　　北尾トロ
発行人　　川崎深雪
発行所　　株式会社 山と溪谷社
〒101-0051東京都千代田区神田神保町1丁目105番地
https://www.yamakei.co.jp/
印刷・製本　　株式会社 シナノ

■ 乱丁・落丁、及び内容に関するお問合せ先
山と溪谷社自動応答サービス　TEL.03-6744-1900
受付時間／11:00〜16:00（土日、祝日を除く）
メールもご利用ください。
【乱丁・落丁】service@yamakei.co.jp
【内容】info@yamakei.co.jp
■ 書店・取次様からのご注文先
山と溪谷社受注センター
TEL.048-458-3455　FAX.048-421-0513
■ 書店・取次様からのご注文以外のお問合せ先　eigyo@yamakei.co.jp

＊定価はカバーに表示しております。

Printed in Japan　ISBN 978-4-635-81024-1

デザイン　　草薙伸行、溝端早輝（PLANET PLAN DESIGN WORKS）
イラストレーション　　木菜作
校正　　五十嵐柳子
写真　　北尾トロ、小堀ダイスケ、日高トモキチ、『狩猟生活』編集部
協力　　阿波保雄、小林昌和、首藤正人、鈴木 理、宮嵜勢太郎、
宮澤幸男、安田大介、吉野かぁこ
編集　　鈴木幸成（山と溪谷社）